河北大学燕赵文化高等研究院
INSTITUTE FOR ADVANCED STUDY OF YANZHAO CULTURE,HEBEI UNIVERSITY
成果文库

燕赵印象

基于《韩国文集丛刊》的考察

梁钊◎著

社会科学文献出版社
SOCIAL SCIENCES ACADEMIC PRESS (CHINA)

序

刘金柱

燕赵大地是中华文明的发祥地之一，自古即为中华民族的文化核心。这片热土上的人们励精图治、生生不息，因此燕赵地区形成了中华民族特有的文化符号——“幽燕文化”。

幽燕文化自殷商时期衍生，在西周和春秋时期一度衰落，至战国时期发展到高峰。一曲“风萧萧兮易水寒，壮士一去兮不复还”奠定了幽燕文化的悲凉基调，并且使之形成了特有的风格。幽燕文化是由燕地山高气寒、水冽土厚的自然环境决定的，属于“苦寒文化”。幽燕文化的形成亦是由战争及北方民族大融合的历史所决定的。幽燕文化处于游牧文化与农耕文化的交错带，是游牧文化与农耕文化融合的产物。农耕文化决定了汉族文化的特征，聚族而居、精耕细作的农业文明孕育了内敛式自给自足的生活方式、文化传统，即厚土而居，重视地缘性和人缘性。游牧生活是一种粗犷而富于冒险的生活，恶劣的自然条件培养了游牧民族极强的与自然搏斗的能力，他们逐草而居，骁勇善战，不畏强暴。作为农耕文化与游牧文化融合的产物，幽燕文化既继承了农耕文化的厚土意识，爱好和平、集体至上、自强不息，也继承了游牧文化的骁勇之气，不畏强敌、奋勇卫国。

幽燕文化是皇家气象带。幽燕地区自古多出帝王，且为皇家都城首选区。唐尧、嬴政、刘备、赵匡胤等皆出生在燕赵大地，此外，燕、前燕、大燕、辽、金、元、明、清等朝代先后建都于燕赵地区。

幽燕文化亦是中华文化的隆起带，中国诸多的文化传统皆能在幽燕文化中寻源溯流。就儒家传统而言，荀子“出于孔氏，而尤有功于诸经”，不仅传授发扬了儒家学说，还关注现实世界的变化，充满事功精神。与孔、孟相比，荀子的思想具有更多的现实主义倾向，在重视礼义道德教育的同时，也强调了政法制度的惩罚作用。他不仅开创发扬了儒学传统，也是法家思想的创始人。董仲舒继承荀子学说，在坚持儒学基本信念的前提之下，还在努力争取扩大儒家的政治空间，提出“大一统”思想。“罢黜百家，独尊儒术”将儒学作为正统思想，确立了儒家思想的正统地位，并影响了中国几千年。就理学传统而言，邵雍和周敦颐、张载、程颢、程颐并称“北宋五子”，是理学的创始人。同其他北宋四子相比，邵雍在文学尤其是诗歌领域也取得了令世人瞩目的实绩，其理学诗集《伊川击壤集》在东亚文化圈内有着非常广泛的传播与影响。就侠士传统而言，荆轲刺秦王响彻古今中外。

幽燕文化以其自身的地缘优势、文化优势，在中国传统文化中占有重要的地位，是中国传统文化形成的重要因素。慷慨悲歌的精神风貌不仅具有巨大的美学价值，还具有自我治愈之实际价值，在民族危亡或遭受创伤时能加速伤口的愈合，激励鼓舞人心昂扬向上，所以它才会几千年历久不衰，被人们称颂。

当下，研究燕赵文化需要更广阔的视野，也需要新的文献资料。本书以域外为突破口，将百余部韩国古文献作为研究对象，以编年方式梳理了燕赵纪事等，旨在探讨“东亚中的燕赵”。纵观全书内容，燕赵相关文献时间跨度大，内容丰富，思想深刻，属于研究燕赵文化不可多得的珍贵资料。

本书中论述的燕赵纪事直接关乎“燕赵”一词，有立竿见影之功效。除此之外，在古代东亚朝贡册封体系下存在一条“燕行古道”，无数域外使节在这条漫漫古道上留下了诗文，这些亦是研究燕赵历史文化的珍贵资料。据我所知，作者一直在进行此方面的研究工作，希望他的“域外视角下的燕赵研究”系列成果顺利问世，扎根燕赵大地，把文章写在这片土地上。

凡　例

一、《韩国文集丛刊》是韩国民族文化推进会影印的大型丛书，收录了历代重要文集212种。本书以《韩国文集丛刊》所录文献为研究对象，以“燕赵”为关键词，整理相关“燕赵纪事”，并采取编年体例，按照作者出生年份进行编排，并以世纪分为五章。

二、本书中引文均以古籍原典为准，在脚注中标出作者、典籍名称、卷数、刻本年代、页码等。

三、本书中出现的朝鲜均指1392～1910年的朝鲜半岛。

四、本书中引文以保留原貌为准则，异体字等改为规范汉字，不再另作说明。原典缺字以“□”代替。

五、本书出现的朝鲜半岛作者，除崔致远、李齐贤外，均生活于朝鲜时期，脚注中不再赘述。

六、本书中引文以方便阅读为宗旨，采取新式标点，且按文意加以分段。

目　录

一　十六世纪前燕赵纪事辑考

1. 崔致远（857—?）《孤云先生文集》

崔致远（857—?）被誉为“东国文宗”“东国汉文学鼻祖”，是朝鲜汉文学的开山鼻祖。其出身于新罗儒学名门庆州崔氏，世系无法详考。《孤云先生文集》记载，其“父讳肩逸”①。崔致远文集中的《孤云先生事迹》依据金富轼（1075～1151）编纂的《三国史记·崔致远列传》对崔致远的生平作了概述，兹录如下。

崔致远，字孤云，一字海云，新罗沙梁部人也。公美风仪，少精敏好学。至年十二，将随海舶，入唐求学。其父谓曰：“十年不第，即非吾儿也，行矣勉之。”公至唐，寻师力学。以唐僖宗乾符元年甲午，礼部侍郎裴瓒下一举及第。时年十八，调授宣州溧水县尉。考绩为承务郎、侍御史、内供奉，赐紫金鱼袋。时黄巢叛，高骈为诸道行营

① 崔致远：《孤云先生文集·孤云先生事迹》，朝鲜刻本，第5页。

兵马都统以讨之，辟公为从事巡官，委以书记之任，其表、状、书、启、征兵、告檄皆出其手。其檄黄巢，有“不惟天下之人皆思显戮，抑亦地中之鬼已议阴诛”之语。巢不觉下床，由是名振天下。及年二十八，僖宗知公有归宁之志，使将诏书来聘本国。宪康王留公为侍读兼翰林学士，守兵部侍郎，知瑞书监事。公自以西学多所得，及来欲展所蕴，而衰季多疑忌，出为太山郡（今泰仁）太守。唐昭宗景福二年，即真圣王之七年，公时为富城郡（今瑞山）太守，祇召为贺正使，将入唐，以比岁饥荒，盗贼交午，道梗不果行。其后亦尝奉使如唐。真圣王八年，公进时务十馀条，王嘉纳之，以为阿餐。公自西仕大唐，及至东归故国，皆遭乱屯邅蹇连，动辄得咎，自伤不遇，无复仕进意。逍遥自放，山林之下，江海之滨，营台榭植松竹，枕藉书史，啸咏风月。若庆州南山、刚州冰山、陕川清凉寺、智异山双溪寺、合浦月影台，皆公游焉之所。最后带家隐伽倻山，栖迟偃仰以终老焉。始西游时，与江东诗人罗隐相知。隐负自高，不轻许可人，人示以公所制歌诗五轴，隐乃叹赏，又与同年顾云友。善将归，顾云以诗送别：“我闻海上三金鳌，金鳌头戴山高高。山之上兮珠宫贝阙黄金殿，山之下兮千里万里之洪涛。旁边一点鸡林碧，鳌山孕秀生奇特。十二乘船渡海来，文章感动中华国。十八横行战词苑，一箭射破金门策。”盖心有所服云。《新唐书·艺文志》载崔致远《四六集》一卷、《桂苑笔耕》二十卷。注云：“崔致远，高丽人①，宾贡及第。”其

① 高丽人：新罗人的误记。

> 名显上国如此。又有《文集》三十卷行于世。高丽显宗时，从祀文庙，谥文昌侯。①

崔致远天性灵敏，但生不逢时，在唐朝和新罗走向衰亡的情况下，他的政治抱负难以施展。但是，他时刻关心时局，虽然不能力挽狂澜，但是他的政治气度、谋略、文采得到了唐朝和新罗的高度认可。《唐书·艺文志》中记载着崔致远的国籍、科举情况、文集规模、在唐活动等。

崔致远在高骈幕下之时，专写表、状、书、启、告、檄等，他所作的《檄黄巢书》对仗工整，顿挫有序，以理服人，是一篇影响广泛的四六文。《孤云先生文集》收录其表文八篇，常引经据典，以史为鉴。其中，《谢赐诏书两函表》中提及燕赵与朝鲜半岛的历史。

> 臣某言：臣亡兄故国王臣晸，先差陪臣试殿中监金仅等，奉表庆贺先皇帝西幸銮驾归阙。仍别付表称贺斩枭贼黄巢，伏蒙圣恩许降敕书两函，别赐奖饰者。乌轮上处，鸾綍飞来，分辉滋绝域之荣，感化激佳城之恨。（中谢）臣以当国，昔者周秦质代，燕赵多虞，佳人犹合浦珠移去，壮士若延津剑化来，胥兴邑洛，助守藩隅。是以辰韩误秦韩之名，乐浪拟浍浪之字。但属焚书馀弊，犹随避地之徒，师古成规，久昧移风之术。是处衔十寻之发，何人传五色之毫？《国语》《孝经》，殊难化俗。床头《周易》，罕见知名。而乃臣亡兄赠太傅臣

① 崔致远：《孤云先生文集·孤云先生事迹》，朝鲜刻本，第1~2页。

聂，生知老教，雅善秦言。茂才则何翅铮铮，善话则实馀衮衮。故得身文耀俗，心画超伦。每惭为屏外之臣，惟愿逐壶中之客，形于歌咏，深于叹嗟。至如虞松五守之难，免求于钟会。谷永万条之易，见赏于王充，未遇己知，颇希自试。顷者仰承先皇帝罢狩锦川，言归绛阙，又闻东诸侯齐驱虎豹，显戮鲸鲵，难胜拊髀之欢，冀写由衷之悫，手成草奏，口绝技词。虽粗殊西北之流能期至海，且未擅东南之美敢望动天？而仰蒙睿慈俯念忠款，远飞还诏，特越常规，鸾凤双函。俪影指鳌山之路，虬龙一札，联行入鲽水之乡，是乃自天降无价之珠，举国为不朽之荣。伏睹诏旨节文，曰："必在秉心弥固，服义不忘。勉修正朔之仪，用契车书之美，冀使赫曦之绩首冠于他方，雾霈之恩常沾于尔土者。"臣闻昔第五伦每见汉光武诏书，即顾等辈而叹曰："是真圣主也，恨不得见之耶。"臣今奉圣君诏旨，若承慈父诲言，其于仰圣之深，怀德之切，倍万伯鱼矣。有以见天上之诏惟照也，能委照于日边，日边之人谓仁乎，永归仁于天上。且臣蕃途程逾二万里，朝贡仅三百年，许申父事之仪，继献子来之款。每奉诏敕，皆成义方，先祖既奉以周旋，裔孙固服之无斁。至如开元御寓，海不扬波，类锡王言，诞敷文德。仍以臣先祖兴光宪英父子但能慕善，累赐八分御札，莫不龙腾凤翻，彩笺由是益光，神笔至今犹润。分宝玉于伯叔之国，则尝闻之。赐银驹于夷狄之乡，所未见也。其诏旨则曰："殆比卿于鲁卫，岂复同于蕃服？"又至大历年中，天降语曰："在九州之外，可比诸侯。于万国之中，乃为君子。"此皆爱忘誉过，小国之所不堪。

伏惟圣文睿德光武弘孝皇帝陛下。丕承列圣，光宅群方。举典谟训诂之宗，警戎狄蛮夷之辈，行看万国，合作一家。臣所痛伤，亡兄臣晸，先晞薤露，阻奉芝泥，生为饮化之身，殁作负恩之魄。其所赐戒敕，臣谨已缄诸玉笥，护以金函，授侄男峣，俾传国宝。峣当铭于瑗座，书在师绅。入则勖励三卿，出则抚柔百姓，粗成功于式遏，仰裨化于时雍。臣今者殷树辞春，孔匏系远，道之云阻，魂飞截海之鹰，天不可升，目断凌云之鹤。不获奔波诣阙，称谢殿庭，无任贺圣恋恩抃跃战惧屏营之至。谨奉表陈谢以闻。[1]

此表陈词严谨，慷慨激昂，堪称佳品，亦被徐居正（1420—1488）编纂的《东文选·表笺》收录。表中所言“国王臣晸”为新罗第49代王金晸，谥号宪康，故世称宪康王。金仅，生卒年未详，曾任新罗试殿中监，于886年因黄巢之乱以庆贺副使入唐，结束在唐任务时持唐僖宗两封诏书回国。崔致远为谢恩而作《谢赐诏书两函表》。文中提及周秦易代，燕赵多虞，燕赵之人前往朝鲜半岛者甚多。据《后汉书·东夷列传》载：“汉初大乱，燕、齐、赵人往避地者数万口，而燕人卫满击破准而自王朝鲜。”可见，燕赵之地、燕赵之士与朝鲜半岛有着悠久深厚的历史渊源。

2. 李齐贤（1287—1367）《益斋集》

李齐贤，字仲思，号益斋、栎翁，谥号文忠，高丽时期

① 崔致远：《孤云先生文集》卷一，朝鲜刻本，第15~18页。

著名文臣、学者。其于 1315 年到达元大都，生活 26 年后回国。李齐贤是最早将程朱理学介绍到朝鲜半岛的人物之一，他回国后刊行的《四书集注》极大地推动了理学在朝鲜半岛的传播。其文集《益斋集》卷五中收录《书桧岩心禅师道号堂名后》一文，其中提及高丽僧人到访燕赵之事。

> 书，心画也。观古搢绅君子手迹，森严有法度，足以想见其为人。至若我圣祖仁王明王翰墨之妙，特其一事，规模气像，亦非臣子所可得而仿佛者矣。主上殿下大书“直指堂月潭”五字，以赐桧岩心禅师，如千年直干，斫以架屋，万金美璧，琢之成器，与夫乌衫袖白须发而学之者，不可同年而语，岂非天纵多能，得之自然欤？心公北游燕赵，南抵湖湘，历参尊宿，为千岩无明长老所印，翰林欧阳承旨作偈以美之。余尝造其室，扣以《六祖坛经》，其言约而尽，使人不厌听。其蒙展待于吾君，亲纡宝札，焜耀山门，盖非幸也。至正己亥林钟月朝，侍中致仕李某识。①

此外，《益斋集》卷十有长短句《书李将军家壁》一首，亦提及高丽武将的燕赵之行。

> 将军真好士，识半面、足吾生。况西自岷峨，北来燕赵，并辔论情。相牵挽归故里，有门前稚子候渊明。对酒欢酣四坐，挑灯话到三更。

① 李齐贤：《益斋集》卷五，朝鲜刻本，第 6 页。

高歌伐木鸟嘤嘤，怀抱向君倾。任客路光阴，欲停归骑，更尽飞觥。人间世逢与别，似浮云聚散月亏盈。但使金躯健在，白头会得寻盟。[①]

由此可见，宋朝与高丽的交往是频繁且密切的。桧岩寺的心禅师东渡，壮游中原，寻求佛法，他的中华体验被当时佛界传为佳话。同时，此段史料印证了当时燕赵地区佛教的发达程度，也反映了燕赵地区与异域佛教人士的交流。李将军的岷峨和燕赵之行是难能可贵的，因为后期的东亚朝贡册封体系使得域外人士无法脱离规定的路线，无法更广泛地接触更辽阔的疆域。李将军的游历使之加深了对中华文化的认知和理解，也推动了燕赵形象的域外传播。

3. 金守温（1409—1481）《拭疣集》

金守温，字文良，号乖崖、拭疣，谥号文平，官至户曹判书。其熟读诸子百家之书，文采出众，深得朝鲜世宗喜爱。金守温于1458年以正朝副使出使明朝，之后在朝鲜接待明朝使臣陈鉴（1415—1471）并作《喜晴赋次明使陈公韵》，此赋谋篇宏大，在与中国的交流史上颇负盛名。《拭疣集》卷四收录《喜晴赋（次明使陈公韵）》，其中论及燕赵之盛况，兹节录如下。

览都邑之环奇，循冀野而容与兮。觑土宇之修直，虽使夸父逐日以健步兮。盖不可一二而已觉其疲矣。尔

① 李齐贤：《益斋集》卷五，朝鲜刻本，第7页。

其医问笮其镇，黄河荡其原，居庸灏质，千里冲奔，是乃天地之奥区，燕赵之抵根也。乌有子乃俯而吁仰而叹曰："于赫皇明，应天顺人。光造丕业，恢皇图稽帝文。建都于此，宅中图治。普天之下，率土之滨。跄跄颙颙，辐辏于中原。制作文物之懿，郁郁沨沨。其崇罔极，其密无隙。是乃观百王之会通，历万世而不易。"①

金守温深谙中国历史和地理，他把脉中原地势，指出黄河乃"燕赵之抵根"。在东亚朝贡体系下，朝鲜对明朝的政治态度虽有"事大"倾向，但金守温的抒发是基于对中华文明的尊崇的。

4. 申叔舟（1417—1475）《保闲斋集》

申叔舟，字泛翁，号希贤堂、保闲斋，谥号文忠，朝鲜前期文臣，官至左议政。在早期为官时，他数次前往辽东地区，后于1452年以谢恩使出使明朝。明朝使臣倪谦（1415—1479）出使朝鲜之时，申叔舟奉命与倪谦唱和，因其文采出众，被誉为"东方巨擘"。《保闲斋集》卷十一载七言古诗《题日本国僧寿蔺诗轴》一首，其中申叔舟论及燕赵之慷慨悲歌。

天运块圠无停机，人事变化随迁移。
坐见桑田为苍海，隙驷灭没须臾期。
先王乘运抚瑶图，手整乾坤提纲维。

① 金守温：《拭疣集》卷四，朝鲜刻本，第2页。

至治馨香彻上帝，奇祥异瑞争纷披。
休声仁化畅遐迩，梯航万里来相追。
当时蔺师亦远至，风格飘然横双眉。
先王一见授书币，面命归报国王知。
上人拭目感荣遇，举手拜命辞丹墀。
艰关三载今始回，殡宫寂寞垂玄帷。
手擎国书复旧命，炉烟一炷悲风吹。
人人见师暗凄恻，老臣血泪双涟洏。
念师往复只数载，天崩地拆非所期。
师言鲸涛不足畏，满国白刃交参差。
连年鞶鼓尚未已，都中列垒方相持。
万死一生捐性命，出入剑戟如坦夷。
天语丁宁犹在耳，敢为知遇论崄危。
殉义轻身重然诺，慷慨燕赵秋风悲。
昔我泛海穷东溟，彩缆手系扶桑枝。
马岛松浦隔海隅，九州山势西南趋。
莒崎斜连霸家台，白沙十里松万株。
墨水扬波没涯涘，平生漂梗缘桑弧。
赤关尾路兵库津，淡路四州罗星辰。
王都百里山作城，西北嵯峨东嶙峋。
三州流恶南注海，町涂井井街巷匀。
南仙相国领诸寺，觚棱日照辉金银。
似闻干戈起辇毂，朱门宝刹俱灰尘。
栖芳有寺在西山，洞府幽深隔人寰。
客中暂凭潭北轩，往往魂梦寻清闲。
光阴倏忽三十秋，胸中历历怀旧游。

眼底纷纷田与海，天时人事同悠悠。

抚今念旧重悲感，扶桑照槛空白头。①

5. 李承召（1422—1484）《三滩先生集》

李承召，字胤保，号三滩，谥号文简，朝鲜前期文臣，曾任刑曹判书等。其于1459年以谢恩副使出使明朝，后在担任礼曹参判时主管朝鲜与明朝的外交业务。其文集《三滩先生集》卷八载《通州》诗二首，均描写出使明朝途中的见闻，其二中谈及燕赵之特质与人物。

山川佳丽近皇城，东道诸州莫与京。

城上高楼青掩蔼，云间宝塔白峥嵘。

雕舆绣幰朱门贵，玉勒金鞍粉面生。

燕赵古称多慷慨，西风回首忆荆乡。②

6. 姜希孟（1424—1483）《私淑斋集》

姜希孟，字景醇，号私淑斋、云松居士，朝鲜前期文臣，于1463年以进献副使出使明朝。姜希孟以通达经史、善用典故著称，曾参与编纂《世祖实录》《睿宗实录》等。《私淑斋集》卷八载《送李典籍命崇赴燕京序》，其中记述了姜希孟出使燕京的前后认识变化，强调了燕赵自古为帝王都城的历史和内涵。

---

① 申叔舟：《保闲斋集》卷十一，朝鲜刻本，第10~11页。

② 李承召：《三滩先生集》卷八，朝鲜刻本，第9页。

尝观记礼者，以为男子生，而桑弧蓬矢，射天地四方，所以示将有事乎四方也。窃尝怪之，外境不足以资内事，观览无关乎修省。士能敦诗书，说礼乐，商确古今，雄视一世，足矣。何必登会稽，探禹穴？然后恢廓其量，增益其智哉。常以此为疑，岁癸未秋，奉王命进贺于京，辞谒于河东郑相国，相国之言曰："为儒者当观上国之光，骋历之馀，当有所得。子今归矣，幸也。"仆虽闻命，犹执前疑，未能深究其所以也。及观辽阳，控制东藩，即唐宗倾天下所争之地也。蓟州雄跨北方，即禄山拥全城酿祸之处也。昌黎山斗之可仰，孤竹清风之馀烈，秦始防胡之城，燕昭致贤之台，举在目前。而今人思之，美恶自著。况燕都即禹贡冀州之城，唐尧虞舜之所都也，二典三谟之所载，圣神贤哲之所履。抚遗篇而想见其馀风者，必于此而得之矣。厥今皇朝，轶三皇，超五帝，更张化维。礼乐人物之盛，亘故所无。其雄藩巨镇，人物交际之间，如或得其合乎古者，则有以知唐虞淳风之未漓也。见其悖乎古者，则有以知燕赵靡俗之尚在也。身历其地，心思其入，较其得失焉，则如与古人相对几案间矣，不有愈于临黄卷而思想者乎？然后知古人弧矢之有礼，而郑河东之言之深有旨也。全城李君命崇居易氏，好古博雅君子也。抱奇才，捷巍科，补成均典籍。今随伯父李佥枢赴燕京，仆蒙赐汤沐，在安山郡之别墅，居易氏凭豚犬龟孙告别。临别赠言，古也。既无以相告焉者，则敢以闻于郑相者告之。其游骋专对之能，在伯父与君耳。余奚庸赘，世有舌人，朝汉都而暮燕京，卒老于行，至讯上国之光则未也。访文明之化则未也，尚敢告以前所云者欤？他日归来，下榻挑灯，一与接话，验其所得之如何？居易氏，其勉之哉。[①]

7. 成　侃（1427—1456）《真逸遗稿》

成侃，字和仲，号真逸斋，朝鲜前期文臣。因其涉猎诸子百家，在文章、技艺、音律、占卜等方面均有造诣，被称为博学之士。《真逸遗稿》卷一载《杂诗》三首，其三《效鲍参军》充满了对鲍照等大文豪的崇慕之情，并发挥了作者的独特文学想象力，将燕赵等地的形象特质描绘得淋漓尽致。

宛马紫游缰，翩翩五陵间。
雕弓插双鞬，晨夕聘游般。
斗鸡临东郊，驱兽上南山。
柔风荡近甸，丹葩耀阳峦。
陈筵荐美酒，燕赵发清弹。
留连岁云徂，嘲谑心未阑。
岩栖有隐士，逸驾谁能攀？
采绿骞春华，班坐荫秋兰。
潜德既已般，十年闭重关。
满欹物之忌，谦益身之完。
山从太卑进，器从太美刓。
喟焉群居士，持此须鉴观。[②]

① 姜希孟：《私淑斋集》卷八，朝鲜刻本，第33～35页。
② 成侃：《真逸遗稿》卷一，朝鲜刻本，第1～2页。

8. 金宗直（1431—1492）《占毕斋文集》

金宗直，字季温，号占毕斋，谥号文忠，朝鲜前期文臣、学者。他是朝鲜继承和发展程朱理学的重要人物，开辟了“岭南学派”。《占毕斋文集》卷一收录《送李国耳赴京师序》，其中论述了燕赵人士的天性为“慕义好善”。其相关内容节录如下。

> 成化二十有二年秋八月，吾友李国耳氏，贺天子庆节为使介。而首燕蓟，朝中游从之贤，咸席于慕华馆北，奉卮酒以叙别。仆亦厕其末，执盏以酢曰：“吾侪尝以侯为天子之士，决以此行而卜之矣。方今天子圣明，我殿下，恪谨侯度，君臣之间，情志交孚，不啻若周鲁之亲。虽有韩赵之术，无所于用。况侯之素所抱负，岂可与揣摩捭阖者？同日道也，忠信充积于中。而英华盎于背面，持此而往，虽蛮貊可行，况天子之廷乎？况燕赵之人，慕义好善，乃其天性者乎。侯平日，揽益斋以上诸公之事业，必有所服膺，今衔命而往也，其肯出于诸公之下耶？由诸公之事业，而上拟吾夫子洎延陵季子之观也。则其所得，必深焉。竣事东还，以其所得者。效之吾王，以润色裨赞于文明之盛治，仆翘足以需矣。”①

9. 崔淑精（1433—1480）《逍遥斋集》

崔淑精，字国华，号逍遥斋、私淑斋，朝鲜前期文臣，

① 金宗直：《占毕斋文集》卷一，朝鲜刻本，第42～43页。

曾任弘文馆副提学等。其精通历史，多次参与史书编纂；擅长作诗，当时文士对其诗格有很高的评价。《逍遥斋集》卷一收录崔淑精七言律诗《皇城杂咏》六首，其四中主要书写燕赵的仕女。

燕赵名姝烂似云，玉簪珠履动成群。
筵开紫阁披花见，歌按青楼折柳闻。
戚里自邀何驸马，诗家谁数鲍参军。
飞来蛱蝶黄鹂语，笑倚东风日未曛。[①]

10. 金时习（1435—1493）《梅月堂诗集》

金时习，字悦卿，号梅月堂、清寒子，谥号清简，朝鲜前期文臣、学者，自幼学习《小学》等经典，五岁之时被誉为“神童”，曾仿效《剪灯新话》创作出朝鲜最早的汉文小说《金鳌新话》。其诗集《梅月堂诗集》卷二载咏史诗《看史漫题》，作者将自己置身浩瀚历史，进行反思，表达了对政局的不满。诗中提及燕赵的慷慨之气，表达了仰慕之情。

山深寂无哗，幽鸟趋林莽。
风恬天籁息，松竹静无响。
细读前代史，胸次开晃朗。
谁知千载情，耀我方寸上。

---

① 崔淑精：《逍遥斋集》卷一，朝鲜刻本，第28页。

善喜恶可憎，唇喉有褒赏。
淘汰激扬间，仿佛贮遐想。
我非燕赵士，慷慨徒俯仰。
古今一何远，天地一何广。
置我在其中，抡择在我掌。
我若居其世，措置拟何向。
伫思瞠眉间，政尔忘惚恍。
悠然有所得，错综辨叁两。
恨不施当世，叹息多怅怏。
扪虱一长吁，落日穿书幌。[①]

金时习对燕赵的认识集中在“慷慨”这一关键词。有趣的是，上文中他在叹息“我非燕赵士”，而在《读春秋诗》中又长吟“我本千载燕赵士，抚剑击筑悲呜咽”[②]。这与他生不逢时的人生际遇有密切关系。可见，朝鲜文士在表达悲愤之时，经常借用燕赵的慷慨悲歌。

11. 成 伣（1439—1504）《虚白堂集》

成伣，字磬叔，号慵斋、虚白堂，谥号文载，朝鲜前期文臣、学者。其于1468年随行出使明朝，并将见闻写成《观光录》。1485年和1488年，成伣分别以千秋使、谢恩使出使明朝，后官至工曹判书。《虚白堂集·诗集》卷一载《拟古》十首，其五中描写了燕赵妓的美丽面容和典雅气质。

① 金时习：《梅月堂诗集》卷一，朝鲜刻本，第9页。
② 金时习：《梅月堂诗集》卷四，朝鲜刻本，第33页。

今日良宴会，嘉宾满高堂。
绮肴映雕俎，绿酒盈金觞。
左右燕赵妓，眉目婉清扬。
徐徐攘皓腕，操瑟理宫商。
流年双转毂，倏忽两鬓霜。
相逢且为乐，何用苦慨慷。
金章满朝贵，毕竟归北邙。[①]

多次出使明朝的经历使得成伣对燕赵有了更细致的认识，他笔下的燕赵女士形象让我们眼前一亮。在众多域外史料中，描写燕赵佳丽的相对较少，而成伣反复提及燕赵佳丽。在《送曹太虚赴京六十韵》中，他写道“妖娇燕赵姬，街衢腾鼓吹”[②]。可见，燕赵佳丽的姿态是符合朝鲜士人审美的。不仅如此，成伣在送别诗中将燕赵印象推介给朋友，旨在鼓舞壮游，亦起到了“导游”之功效。《送李参判士高赴京》一诗详细描写了自山海关至燕京的文化景观和自我感悟，现将相关内容节录如下。

秦皇城郭枕海头，永平杨柳滦河洲。
崆峒山色万古留，禄儿往事寻无由。
凤城甲第多公侯，金铺绣闼联琼楼。
红尘四市驱骅骝，凝笳叠鼓扶华辀。
佳姬燕赵神仙俦，纱窗珠箔弹箜篌。

① 成伣：《虚白堂集·诗集》卷一，朝鲜刻本，第1~2页。
② 成伣：《虚白堂集·补集》卷二，朝鲜刻本，第28页。

蓬莱宫阙佳气浮，御沟流水清如油。
羽林神卒森戈矛，鹓班杂佩鸣琳璆。
万国来庭朝冕旒，香烟苒苒翠云裘。
重瞳咫尺承天休，退朝华馆罗珍羞。
竣事归来岁月遒，神都盛事盈双眸。
照检诗囊系马秋，风景一一探冥搜。①

12. 申用溉（1463—1519）《二乐亭集》

申用溉，字溉之，号二乐亭、松溪、睡翁，谥号文景，朝鲜前期文臣，曾任礼曹判书、兵曹判书等，1503 年出使明朝，深得朝鲜国王成宗赏识，被赐御衣。《二乐亭集》卷四载《别副提学赵理之赴燕京》诗，其中提及“幽燕”之广阔。

抟扶北海上云衢，风节棱棱映玉壶。
李子诗囊三体富，张生使橐一金无。
百年抚古幽燕地，万里挥鞭风雪途。
玄晏拥衾违判袂，谩将巴里当骊驹。②

13. 李希辅（1473—1548）《安分堂诗集》

李希辅，字伯益，号安分堂，朝鲜前期文臣，曾任工曹

① 成伣：《虚白堂集·诗集》卷三，朝鲜刻本，第 13 页。
② 申用溉：《二乐亭集》卷四，朝鲜刻本，第 7 页。

参议等。李希辅仕途坎坷，但多交文友，善写文章，被誉为“文章家”。《安分堂诗集》卷一收录《题译官李和宗诗卷》，其中描写了出使明朝的译官李和宗与燕赵文士的交流，不仅表达了赞赏、崇敬之情，也称赞了朝鲜文士的才气。

东韩事大本至诚，一年三节朝帝京。
风声不同山河隔，敷奏复逆须用译。
两喜两愠传诚难，一失其机生两敌。
温或如春怒如秋，万古知言唯庄周。
李公才调我国优，阳春驱在齿舌头。
华人相对括目视，咸称燕赵间辩士。
忆在辛巳帝登极，布告广轮中藩国。
皇皇使华唐舆史，籍籍声名桂林伯。
朝家择对难其人，雄豪欲得苏与陈。
容斋珠玉华国器，苏郑波澜称从事。
衰朽因人欲成功，堂下插血颜先红。
齐驱并驾鸭江上，天涯数月樽酒同。
情亲岂独金舆石，王事翻成方外乐。
浮世升沉十年后，聚散真同反覆手。
前年邂逅东华尘，音容不改华发新。
追思旧游尚渺然，两眼不觉双泪悬。
今朝禁省传诗卷，关西风物如再见。
清窗披展不知倦，宛对紫阳山人面。
老语无章岂为诗，唯记当时情眷眷。①

① 李希辅：《安分堂诗集》卷一，朝鲜刻本，第1页。

14. 朴　祥（1474—1530）《讷斋集》

朴祥，字昌世，号讷斋，谥号文简，朝鲜前期文臣，因刚正清廉而闻名于朝野，去世后被追封为吏曹判书。朴祥在诗歌中多次感慨燕赵之风，《讷斋集》卷一载五言古诗《希刚相公奉使京师，昌世在潭州，遥赠三十三韵》，其中描写了邹鲁之文气与燕赵之风气，他望着滔滔不绝的流水而“感慨燕赵风”[①]。在《熟睡海棠》一诗中，朴祥望着海棠花，联想到“燕赵风流百媚嘉”[②]。

《讷斋集》卷二载七言古诗《送正朝使黄同枢献之父（大将衡之子）》一首，朴祥把对燕赵的历史认识、文学想象及豪迈气节融为一体，造就了一首气势磅礴的送别诗，极大地鼓舞了远行之人。

绿眼将军生将家，短小精悍击霜隼。
已破兵书用兵神，且诵三百酬对敏。
殿前召作朝正使，燕山万里催华轸。
身携斗胆出都门，陛楯诸郎揔蛭螾。
辽城十月塞草荒，初雪覆地风力紧。
阴山骄子莫梗行，一鸣弓走霜折菌。
义气感激望诸陵，刚肠不摇燕赵鬒。
朝廷雁海有赏音，旷古数君颇与膑。[③]

① 朴祥：《讷斋集》卷一，朝鲜刻本，第9页。
② 朴祥：《讷斋集》卷四，朝鲜刻本，第12页。
③ 朴祥：《讷斋集》卷三，朝鲜刻本，第12页。

15. 苏世让（1486—1562）《阳谷集》

苏世让，字彦谦，号阳谷、退斋，谥号文靖，朝鲜前期文臣，曾任刑曹判书、户曹判书、兵曹判书等要职，于1521年以迎接使从事官接待明朝使臣，于1533年以进贺使出使明朝。他在出使途中写下《晓吟》，此诗前半部仿效孟浩然的《春晓》，对燕赵的游侠和高楼作了描述，反映了当时燕赵的社会风气。全诗如下。

春日苦难夕，春宵苦易晓。
床头眠未起，帘外已啼鸟。
皇城富人物，车马夜喧扰。
风尘扑面飞，落花萦衣绕。
香街多游侠，高楼拥燕赵。
垂杨荫朱门，紫鞚嘶腰袅。
信美非吾土，转觉为况少。
窗明朝旭高，梦落沧洲杳。
男儿重行止，百年未可了。[①]

① 苏世让：《阳谷集》卷三，朝鲜刻本，第25～26页。

二　十六世纪燕赵纪事辑考

1. 林　芸（1517—1572）《瞻慕堂集》

林芸，字彦成，号瞻慕堂、庐洞，朝鲜中期文臣、学者，早年求学于朝鲜大儒郑汝昌门下，通达经史、地理、算数等，历任集庆殿参奉、延恩殿参奉、厚陵参奉等。《瞻慕堂集》卷二载《游天磨录》一文，其中形象地将江南和燕赵的特质归纳为“清风”和“劲气”。其相关内容节录如下。

> 十一日（丙午），还京。浃旬之馀，历尽天磨圣居以及松都五百年之遗迹。虽未敢穷山水之趣，为仁智之乐。然入烟霞之境，洗尘土之累。而充然如有得，恍然如有悟。则蜡屐之举，乌可但已。若使吞江南之清风，吸燕赵之劲气。如古人所游，则发蒙之醯鸡，不独见天地之大也。慕东岱之游，酬南岳之唱，以尽馀年者吾志也。而苍颜日变，筋力已衰，深惧自今以往，终不复自克也，则不知何时天下小于吾目中耶！隆庆庚午中秋旬二，葛

川妄人书。[①]

2. 徐 起（1523—1591）《孤青稿》

徐起，字待可，号孤青樵老、龟堂、颐窝，朝鲜中期学者，自幼学习诸子百家，以余力钻研禅学，一生游历名山大川，致力于讲学，不曾出仕。徐起去世后被配享于忠贤书院别祠，有《孤青稿》存世，其中《寄赵提督（宪，己丑）》其二借燕赵悲歌反映当时朝政不兴。

燕赵悲歌士，东韩大胆臣。
扬清思反古，激浊志兴新。
凤去岐山久，麟伤鲁野频。
行藏关用舍，抱道贵随辰。[②]

3. 高敬命（1533—1592）《霁峰集》

高敬命，字而顺，号霁峰、苔轩，谥号忠烈，朝鲜中期文臣，精通诗书画，曾任承文院判校等。高敬命在外交上亦有建树，于1581年以奏请使书状官出使明朝，次年以明使远接使从事官接待明朝使臣。1592年，倭寇入侵朝鲜，正值高敬命辞官归乡，他毅然“倡义救国”，成为历史上著名的义兵首领。其文集《霁峰集》卷四收录《海州城》一诗，全诗

---

① 林芸：《瞻慕堂集》卷二，朝鲜刻本，第11页。
② 徐起：《孤青稿》，朝鲜刻本，第2页。

如下。

> 沃壤弥千里，雄藩冠四州。
> 妆楼贮燕赵，贾舶集闽瓯。
> 列肆堆奇货，居人擅素侯。
> 月明歌吹沸，齐上玉帘钩。[①]

海州曾为朝鲜黄海南道首府，环卫京畿，濒临大海，亦是与中国文化交流与商业往来的重地。朝鲜文士惯用中国名城和文化景观比拟本国之盛况，高敬命用“燕赵”和“闽瓯”来形容海州的城池规模和海上贸易，可见燕赵在朝鲜文士心中是繁盛的象征。在他出使明朝之时，有序班高姓者携古画寻访高敬命并请求题诗相赠，他遂作五言绝句五首，其四云：“快鹰如快士，劲翮刷燕赵。玉立待高秋，何须击凡鸟。”[②] 虽不知其画内容具体为何，但可以想象到雄鹰翱翔在广阔天地的场景。

4. 李　珥（1536—1584）《栗谷全书》

李珥，字叔献，号栗谷、石潭、愚斋，谥号文成，朝鲜中期文臣、学者。李珥在1564年举行的大科和文科初试、复试、殿试中均中状元，被称为“三场状元”，后又在生员试、进士试等科考中状元，史称“九度状元公”。其于1568年以千秋使书状官出使明朝，后官至兵曹判书。李珥在理学上造

① 高敬命：《霁峰集》卷四，朝鲜刻本，第31页。

② 高敬命：《霁峰集》卷四，朝鲜刻本，第39~40页。

诣深厚，开创了“栗谷学派”，去世后配享于朝鲜文庙，是“东国十八贤”之一。

李珥一生著述丰硕，孙李镇五等人于1742年编纂的《栗谷全书》中收录其《次元瑞即事韵》和《送尹子固（根寿）朝天序（丙寅）》，均言及燕赵志士。《次无瑞即事韵》曰。

> 玉河秋思问如何，燕赵曾闻志士多。
> 郁郁帝居山北峙，悠悠世事水东波。
> 尘埃柴市行人闹，风雨金台独鸟过。
> 一锁馆门深似海，长虹万丈气难磨。①

《送尹子固（根寿）朝天序（丙寅）》曰。

> 吾闻燕赵古称多感慨悲歌之士，今则皇明肃清，肇作帝居。礼乐之兴，风化之盛，垂二百年，必有以感慨悲歌之志，善变而至道者矣。子固之行，将有所遇焉。子固之明，足以辨其学之偏正。华士之贤者，孰敢有夷视子固者哉？如珥者，学不进而志愈下，恐无以不负子固之望。尚冀子固观周有得而归，使珥益获畏友之益焉，子固勉乎哉。②

5. 金千镒（1537—1593）《健斋集》

金千镒，字士重，号健斋，谥号文烈，朝鲜中期文臣、

① 李珥：《栗谷全书》卷一，朝鲜刻本，第36页。
② 李珥：《栗谷全书》拾遗卷三，朝鲜刻本，第37页。

义兵长。在壬辰倭乱之时，其辗转各地，倡义抗倭。金千镒在当时写下的《壬辰义檄》慷慨雄浑，文中将揭竿而起的义兵抗争比作“燕赵之响”，兹录全文。

窃惟舍鱼取熊，孟夫子之垂训。若蜂斯起，楚义士之同声。由来汉唐以前，亦粤罗丽以后，邦国之乱贼间出。宇宙之烈士几人，在昔以童子而赴死国乱。史氏传汪踦之全节，以野老而捍卫邦社，世人称田夫之苦忠。霜雪为节于秋冬，方知松柏之盛茂。日月并出于沧海，实为焦原之荣光。慷慨悲歌，处处起燕赵之响。讲磨道义，家家诵邹鲁之声。不幸国步艰难，岛夷猖獗。廷臣跋涉，大驾播越。社稷将危，生灵涂炭。（缺数句）伏愿济济多士，赳赳武夫，看我尺书，听我誓语。顾今文物，总是先王之衣冠。歼厥巨奴，孰有将军之忠勇？节士慕少，宁无奔卫之王师。志士倡群，要得乐死之义旅。南州之壤地虽小，几处效力之众髦。北阙之化育曾敷，必多同心之壮士。倘使与吾一力，效余寸衷。则金公之忠勋壮节，不绝千秋，永垂方策。[①]

6. 白光勋（1537—1582）《玉峰集》

白光勋，字彰卿，号玉峰，朝鲜中期文臣、诗人，虽担任宣陵参奉等，但向往山水自然，擅长论诗与作诗。白光勋尤爱唐诗，一度被比作朝鲜的李贺。1572 年，白光勋以白衣

① 金千镒：《健斋集》卷四，朝鲜刻本，第 4 ~5 页。

制述官接待明朝使臣，其文采得到明使称赞，并得“白光先生”的称号。其送别诗《送李择可赴京（名惟谨）》中提及“燕赵悲歌”。

岁暮远为别，此行应过春。
河桥正风雪，关路尚烟尘。
时见天边月，如逢故国人。
悲歌满燕赵，随处莫伤神。[①]

7. 金诚一（1538—1593）《鹤峰先生文集》

金诚一，字士纯，号鹤峰，谥号文忠，朝鲜中期文臣、学者，于1575年以辨诬使书状官出使明朝，在壬辰倭乱结束后，曾任庆尚道招谕使，有效治理了荒废的政局。金诚一专攻理学，无论在日常生活中还是理政期间均以《家礼》为准则，还编纂《丧礼考证》等礼学书籍。1649年，其文集《鹤峰先生文集》得以刊行，卷二载《次五山孀雌篇》一首，其中将“燕赵姝”比为楚楚可怜的孀雌，全诗如下。

万物各有止，尔宜丘隅岑。
如何辞故枝，乃游祇树林。
贞心自无机，相对扬清音。
那知挟弹者，狙伏冬青阴。
色举尔未能，奇殃空自任。

① 白光勋：《玉峰集》中卷，朝鲜刻本，第3～4页。

翠羽落金丸，只影馀孤禽。
惊呼已无及，玉碎而珠沉。
群鸟侮余单，相近亦何心。
惊飞返旧栖，风雨更萧森。
守此可毕命，新欢何忍寻。
时叫失侣处，口血流不禁。
意若死相从，不复畏炮煁。
酸然感余心，终日为悲吟。
吁嗟燕赵姝，日易鸳鸯衾。
谁云最灵者，见尔愧还深。
我和孀雌篇，聊以示来今。①

8. 崔 岦（1539—1612）《简易集》

崔岦，字立之，号简易、东皋，朝鲜中期文臣，出身贫寒，但天资聪慧，在17岁时中进士，并于1559年状元及第。崔岦分别于1577年和1581年以奏请使质正官出使明朝，并于1594年以奏请副使再次出使明朝，卓越的外交才能和文章功底让他出色地完成了三次外交任务。

崔岦拟古文体出众，善写诗赋，他的文章与车天辂的诗、韩濩的书法并称“松都三绝”。他还追随明代王世贞的文风，写得一手既简洁淡雅又合乎法度的辞章。多次出使明朝的经历使得崔岦对燕赵有着深刻的认识，他在《送柳西坰赴京师序（冬至兼陈奏使）》中写道：“燕赵之士，有战国时悲歌感慨之

① 金诚一：《鹤峰先生文集》卷二，朝鲜刻本，第42页。

遗风，而自汉已来号为天下精兵处，赳赳皆干城之才。”① 在《送郑梦与公赴京师序（谢恩使）》中提到：“燕赵之士，悲歌感慨。其风声气习，即屠沽之间，往往而在。日月争明之大义，天地无穷之正气。盖礼采薇之祠，而行于柴市，令人激昂而增伤。潞河之樯如簇壮，货舶粮船之四至。”② 关于屠沽之间的燕赵之气，他还有诗曰：“悲歌感慨燕赵风，知有合否屠沽中。”③

崔岦不仅劝勉赴京友人观燕赵之气，体燕赵之情，而且在诗歌创作中也用燕赵的悲歌气质形容朝鲜士人的傲骨。他写下《次五山夜话韵》二首，其一便是典型的例子，全诗如下。

相逢羁旅细论心，悔向京尘觅赏音。
雪棹何烦千里远，寒灯未觉五更深。
衰翁气概凭诗健，乱世忧端要酒禁。
燕赵悲歌兴废地，主人殊不爱黄金。④

9. 柳　根（1549—1627）《西垌集》

柳根，字晦夫，号西垌，谥号文靖，朝鲜中期文臣，官至从一品左赞成，于 1593 年以谢恩副使出使明朝，在 1597 年以运饷检察使负责运输明朝赐予的军粮，于 1601 年以冬至使再次出使明朝，在明朝和朝鲜外交关系上做出了贡献。他

① 崔岦：《简易集》卷三，朝鲜刻本，第 39 页。
② 崔岦：《简易集》卷三，朝鲜刻本，第 49 页。
③ 崔岦：《简易集》卷八，朝鲜刻本，第 38 页。
④ 崔岦：《简易集》卷七，朝鲜刻本，第 48 页。

的《奉赠千秋使》一诗感慨燕赵悲歌，这与他所处的动乱时代有着密切关系。

求我荒诗问几回，朝天行迈有时哉。
先成替赠他人去，后作殊无好句来。
垂老固难轻远别，临分不必把深杯。
悲歌燕赵今何在，一上黄金市骏台。[①]

10. 赵彭年（1549—1612）《溪阴集》

赵彭年，字景老，号溪阴，朝鲜中期文臣。其曾任全义县监、砺山郡守等，因屡遭弹劾，故仕途坎坷。赵彭年有《易水悲歌赋》一首，是域外燕赵书写的珍贵资料。

蓟门有客，函谷无秦，斜阳行色，易水之滨。高歌一曲，悲泪满巾，看剑引杯，壮志轮囷。属东宫之逃质，得南国之佳士，怨虎娘之强邻，拟因之以洒耻，追乃祖之筑台。慕深井之抉目，礼自去乎毛皮，感已入于心腹，淬尺八之利匕。期一揕夫吕氏，然近幸之无缘，固勇力之难施，惟樊首与亢图，曰秦王之所欲，倘奇谋之见遂。命鸿毛兮奚惜，奄一朝兮衔使，渡易水之寒波，路千里兮修迥，征夫意兮如何，风萧萧而异响，云漫漫而奇色。阻红袖之笑语，对白衣之宾客，何高君之慷慨，又于焉兮击筑。噫！以身而许人，纵男儿之气节，事或成而或

① 柳根：《西垧集》卷二，朝鲜刻本，第30页。

败，邈一去兮不归。矧思君而离邦，复忍爱而割慈，情纡轸其何赖，歌楚辞兮徘徊。羌如怨而如诉，声上彻于天衢，鱼龙惊兮鼍愤，仆夫悲兮马怀，原野阒其无人，塞草衰兮伤秋，瞻蝃蝀之贯日，何气象之惨愁。九宾之飨才罢，万乘之君未刺，专诸之头已悬，召公之庙不祀。余千载而指点，笑燕家之剑客，怀豢养之小惠，决危计于大敌，昧炉炭之一毛，自作祸而求福。恐修名之不立，到江上兮肝胆激，亡国之音哀以思，游子之颜非丈夫。燕赵多感慨悲歌之士，战国之风荆轲之徒。呜呼！渑池一叱，英蔺威动，毛生两言，弱赵鼎重，荆君之歌，只自凄悲，愚智相悬，得失随之。[①]

11. 吴亿龄（1552—1618）《晚翠集》

吴亿龄，字大年，号晚翠，谥号文肃，朝鲜中期文臣。其于1591年以陈奏使质正官出使明朝，在达到山海关后，作《九日登望海亭次五峰韵》二首，其一中描写了燕赵之地形与气势。

天风知我登高意，吹上层霄百尺梯。
燕赵地形临海尽，蓟辽山势入云低。
乘桴鲁圣言犹在，采药秦童路已迷。
还想出关追忆处，梦魂无夜不攀跻。[②]

---

① 赵彭年：《溪阴集》卷四，朝鲜刻本，第18～19页。
② 吴亿龄：《晚翠集》卷一，朝鲜刻本，第5页。

12. 车天辂（1556—1615）《五山续集》

车天辂，字复元，号五山、清妙居士，朝鲜中期文臣。其文采出众，与其父车轼、其弟车云辂并称朝鲜“三苏”。他在很长一段时间负责对明朝外交文书的撰写工作，明代贾维钥于1593年和1599年出使朝鲜，车天辂均奉命接待，其呈给贾维钥的《上贾郎中启（代韩子善作）》中谈论燕赵，兹节录如下。

> 宋人贵玉于燕石。不量画虎，妄意注金。真成跃冶之不祥，何异无盐之刻画。必也霹雳可以劈山，昆吾可以切玉。续弦赖凤凰之髓，合玉用蟾蜍之肪。不然，羊质虎皮，徒知见草之悦。栀言蜡貌，难为大击之鞭。所谓小智之詹詹，讵测大雅之卓卓。纵欲率尔而言志，何能斐然而成章？所以裁之，与其进也。恭惟瑚琏国器，杞梓卿材，学贯天人。捭阖胸中之造化，才兼文武。揣摩心上之经纶，笔力纵横。讶六鳌之戴立，词源浩淼。惊三峡之倒流，雕龙妙技。刻凤奇才，手搏陈王之绣虎。黄马剧谈，碧鸡雄辩，口分郭象之悬河，气压诸老先生。不啻洛阳之年少，世推钜人长者。真同鲁国之儒冠，赫赫乎洸洸乎。万杰千豪之器宇，灏灏尔噩噩尔。三代两汉之文章，孙吴暗合之机。兵流指掌，迁固雄强之笔。史学在心，慷慨悲歌，自负燕赵之奇士，旁通多可，不惟魏晋之清谈。①

① 车天辂：《五山续集》卷四，朝鲜刻本，第6～7页。

13. 李恒福（1556—1618）《白沙集别集》

李恒福，字子常，号白沙、弼云，谥号文忠，朝鲜中期文臣，官至正一品领议政，于1598年以陈奏辨诬使出使明朝，途径燕赵之时，与书状官黄汝一发生了一段关于燕赵佳丽的趣事。这一事件，也客观反映了燕赵佳丽的美丽形象已经根植在朝鲜文士心中。

初三日癸未。历大红螺山、七里河、高桥铺、通海河、塔山所、皂隶山、双顶山，宿连山刘家，行五十里。自渡江以后，月沙公常言燕赵多美女，兹行或得一见。海月公病下虚，日再如厕。是日午憩塔所，时当岁时，主家女年可二十馀，还自拜手，披绿紬裳红段衣，穿绣云履，满头插花，乘赤表马入门。月沙惊起睇视，时海公方如厕，月沙公急呼黄书状："黄书状快快来看！"海月才得入座，女已升堂掩户。月沙欲激其意，故颦眉而咳曰："到处遗矢，何事可为？"海月咄嗟痛恨，真个客中一场大噱也。[①]

14. 金　涌（1557—1620）《云川先生集》

金涌，字道源，号云川，朝鲜中期文臣。其曾参与编纂《宣祖实录》，官至兵曹判书。金涌在富平馆之时作歌十三章，其二描写对燕赵佳丽的想象，摘录如下。

① 李恒福：《白沙集别集》卷五，朝鲜刻本，第14～15页。

我所思兮在何许？燕赵佳儿颜似玉。
娇歌妙舞秀而惠，色授魂与人皆惑。
伐性眉斧近则辱，少年恨不焚衣泣。[①]

15. 柳梦寅（1559—1623）《於于集》

柳梦寅，字应文，号於于堂、艮斋，谥号义贞，朝鲜中期文臣、学者，官至大司谏，曾三次出使明朝，对燕赵的历史、地理、军事、风俗等有着细致的观察。其在《送朴说之（东说）赴京序》中将燕赵与邹鲁洙泗濂洛比肩，可见燕赵在朝鲜对中国思想的接受上举足轻重。

生此偏隅，混混尘埃半世，不见知己则固也。今来豪杰之冀北，亦不遇其人。不得使燕市悲歌，入知音之耳，若吾生亦已矣。诚使大国待下邦不有内外，任其载贽，无碍于彼此。则若余者，不烦象胥，语言无不通。如以青骡角巾，彷徉天下。繇冀兖出青徐，历豫梁掠荆杨。出入乎邹鲁洙泗濂洛，复游乎燕赵之间。以与夫诗书礼乐之儒，忠信道德之士，瑰伟俶傥博雅之流，披心腹，倒肝胆，结义气。使天下之人，皆知东国有人也，则虽死吾不恨矣。[②]

16. 成文浚（1559—1626）《沧浪先生诗集》

成文浚，字仲深，号永同、沧浪，朝鲜中期文臣。成文

① 金涌：《云川先生集》卷一，朝鲜刻本，第38页。
② 柳梦寅：《於于集》卷三，朝鲜刻本，第28页。

浚博学经史，精通书法，但因其父被诬告，遂弃官归隐十四年。他在送别成晋善出使明朝之时作《送成则行（晋善）赴燕京》一首，诗中提及“悲歌燕赵客”。

吾宗壮岁播清芬，一节观周朝大君。
别酒朝酣鸭水波，征车夜宿辽山云。
山河万里控带雄，白日歌钟寰海闻。
皇家文物属升平，会同阊阖炉烟熏。
行装腹里诗三百，肯数悲歌燕赵客。
此行努力慎令仪，奉敕归来再前席。
整顿天枢护紫微，迅扫狼烟清海域。
今年始有故园归，耕钓坡西吾亦得。[①]

17. 尹光启（1559—?）《橘屋集》

尹光启，字景说，号橘屋，朝鲜中期文臣，曾任工曹佐郎等，擅长作诗，诗格精练，律调清雅，所作七言古诗《晓宫听莺词》勾勒出一幅燕赵佳丽置身宫中的曼妙画卷。

春寒恻恻掩香帏，露湿红楼连碧筱。
平明永巷扫花开，竞起看妆临玉沼。
羊车不来恨已深，一宫春思知多少。
生憎枝上黄鹂儿，数声啼破纱窗晓。
纱窗处处晓梦回，素手繁弦时复挑。

① 成文浚：《沧浪先生诗集》卷一，朝鲜刻本，第32~33页。

千悲万恨四五声，曙色烟光相缭绕。
绵绵蛮蛮似愁人，满宫花枝垂更袅。
问渠何事却负余，声声瘦得肌肤小。
三生宿怨只自知，懒惰无心卜龟兆。
翻思昔日进蛾眉，幸得君王爱窈窕。
披香殿里侍寝回，一生自拟同萝茑。
那知恩情半途改，使妾不堪忧悄悄。
十年犹自系臂纱，几见秋萤飞木杪。
西宫火照辇路明，坐上佳人尽燕赵。
君心回互自无常，窟擗中宵还有摽。
双蛾敛处满眼愁，梦里犹疑近天表。
有时顾步百花前，伤心不忍闻啼鸟。
如何莺舌苦相唤，听来却使悲肠扰。
无情还感有情人，肠断春风愁未了。
阑干相倚泪双双，落月依俙花竹绕。
多情不独满宫人，征妇交河音信杳。
城南一听睍睆声，怅望天涯目窅窅。[①]

18. 李尚毅（1560—1624）《少陵集》

李尚毅，字而远，号少陵、五湖、西山、巴陵，谥号翼献，朝鲜中期文臣，官至大司宪，曾于 1597 年以陈慰使书状官出使明朝。途中作《李将军歌》，其中以燕赵慷慨形容李将军之悲壮，相关诗句节录如下。

---

① 尹光启：《橘屋集》中卷，朝鲜刻本，第 36～37 页。

古称燕赵多感慨，易水寒风吹万祀。
杀身报主复何人，前有杨公后有李。
官同事同地亦同，五十年间人见二。
云中往事且莫论，说着今春堪白首。
将军有个好身手，山东亦出山西才。
东征西讨功第一，下视天骄如小孩。
小黑山前烽火照，边锋夜警胡窥营。
将军闻之若不闻，见贼愈多身始轻。[①]

19. 李　埈（1560—1635）《苍石先生文集》

李埈，字叔平，号苍石，谥号文简，朝鲜中期文臣，在担任庆尚道道使之时，将中国历代君王的德行和大臣的功过编纂成《中兴龟鉴》献于朝鲜国王。李埈于1604年以奏请使书状官出使明朝，途中听闻亲友去世，作《识别》二首，其二不禁感叹独在异乡为“燕赵客”之哀愁，兹录于下。

一为燕赵客，已及菊花秋。
故国君先去，他乡我独留。
风沙迷远望，笳鼓起边愁。
迢递归时路，寒空月几钩。[②]

① 李尚毅：《少陵集》卷一，朝鲜刻本，第3～4页。
② 李埈：《苍石先生文集》卷一，朝鲜刻本，第35页。

20. 具　容（1569—1601）《竹窗遗稿》

具容，字大受，号竹窗、楮岛，朝鲜中期文臣、学者，为政期间以民为本，在国家遭遇外患时主张“斥和”。具容诗才非凡，与当时诸多文士有唱和之作，他的《又叠前韵》二首中既有高超的感情抒发技巧，也有直击现实的觉悟。此诗亦借燕赵来表现内忧外患之现实和反抗之意志，全诗如下。

击剑吴中市，悲歌燕赵春。
休于众醉里，笑杀独醒人。
去国归心切，经年客橐贫。
平生白羽扇，直欲静风尘。

旧国无归日，他乡四见春。
年光宁贷我，老病忽欺人。
有舌张仪足，无金季子贫。
何须事一室，宇内扫妖尘。[①]

21. 崔　晛（1563—1640）《讱斋集》

崔晛，字季升，号讱斋，谥号定简，朝鲜中期文臣，于1608年以冬至使书状官出使明朝，并将《大学衍义》《昭代典则》等带回朝鲜。其《次申化堂咏梅韵》将“燕赵姝”入

① 具容：《竹窗遗稿》下卷，朝鲜刻本，第39页。

诗，取其“繁华”之意味，并反用之。“人皆爱繁华”，而作者独以之为“耻”，故将其与梅花的高洁对比，可见燕赵意象在域外文学作品中的灵活运用。

人皆爱繁华，子独爱清癯。
肥瘦各异态，好恶亦自殊。
谁知空谷人，耻作燕赵姝。
自保冰雪姿，肯嫌托根孤。
明月却有意，送影当帘隅。
东风吹莫急，暗香怕通衢。
梅溪留旧迹，主人非凡夫。
满庭栽植遍，相对颜敷腴。
桃源亦何胜，只作秦民逋。
化堂是知己，咏诗张吾徒。①

22. 李廷龟（1564—1635）《月沙集》

李廷龟，字圣征，号月沙、保晚堂，谥号文忠，朝鲜中期文臣、学者，官至正一品左议政。因其文才出众，又精通汉语，曾被委任为御前通官，经常与明代使臣交流唱和。此外，李廷龟还多次出使明朝。他对内主张“致君泽民”，对外主张“文章华国”，一度成为朝鲜士大夫的典范。其《送姜仁卿之尚州牧》虽是送别诗，但将个人情感与家国情怀有机地融合在一起，用燕赵慷慨表达了自己的心境。

① 崔岘：《讱斋集》卷一，朝鲜刻本，第8页。

人生有离合，世缘无时了。
晚途苦契阔，别多相见少。
与君俱白头，结交自少小。
情亲比胶漆，倚托同萝茑。
嘉君有秀格，气与秋天杳。
仙鹤整毛羽，照人光皎皎。
穰穰富文史，剔抉尽琐谀。
清辨贯古今，天衢骋騕褭。
旷怀等荣辱，达言齐寿夭。
日日相邀呼，酒赋穷昏晓。
痛饮发悲歌，慷慨同燕赵。
溪风步晚沙，荷雨临清沼。
行乐忽星散，光阴如过鸟。
艰危各致身，睽离从此肇。
相忆十馀年，俗累纷缠绕。
忧病日倥偬，旧游难再绍。
念君草土馀，风神犹窈窕。
重逢迭悲喜，肝胆欣相照。
会合未云几，兹行又岭表。
况此同衰暮，重觉离肠扰。
落日照行旌，别路连天渺。
归雁几时到，江湖水淼淼。
归来咏停云，掩门重悄悄。[①]

① 李廷龟：《月沙集》卷十六，朝鲜刻本，第23～24页。

23. 姜　沆（1567—1618）《睡隐别集》

姜沆，字太初，号睡隐，朝鲜中期文臣，在壬辰倭乱中被俘，滞留日本期间曾与当地高僧和儒士交流。他格外关注日本地理与军事情况，归国后写下相关文章。他的《地理之说》中将燕赵之慷慨和关西的劲悍放在一起进行论述，兹节录如下。

> 夫所谓铜山西倾，灵钟东应，木先于山，栗牙于室者，实为有生气者言耳。魂气已升，骨骸已朽，岂以葬地之吉凶，可作生人之祸福乎？夫所谓燕赵多慷慨，关西多劲悍。幽冀之士钝椎，汝颖之士如锥者，实为风气土俗而言耳。放水裁穴，趋全避阙。岂以尺寸之进退，乃致祸福之悬绝哉？传曰："道之将行也命，道之将废也命。"人之富贵贫贱长短寿夭，一于命而不贰。修身以俟，顺受其正，则乃安斯寝，其生也顺。乃复其土，其死也安矣。[①]

24. 卢景任（1569—1620）《敬庵集》

卢景任，字弘仲，号敬庵，朝鲜中期文臣，曾任江原道巡按御使等，在任期间刚正不阿，多揭发贪官污吏。他的《量辨》一文以形象的手法论述度量，其中举论燕赵，选录其文相关内容如下。

---

① 姜沆：《睡隐别集》，朝鲜刻本，第 27 页。

量者，度量之谓也。量有大有小。天地之量，圣人之量也。河海之量，贤者之量也。至于斗筲之量，小人之量也。此夫子所谓何足弄者也。盖浑然无涯，廓乎无边。举天下万物山川草木飞走动植，皆囿于阴阳阖辟之中。而物不知其泽，我不觉其劳者，天地之量也。无物可比其大，无物可并其广。而生生化化底气象，非言语所可形容者。至如涵浑太虚，广大渊深。吞砥柱绝闾梁，越燕赵包幽冀，环天下而无穷。蛟龙鱼鳖之属喷薄出没，千态万状，变化不测者，河海之量也。其大固云大矣，其广固云广矣。然其门可窥，其涯可测，此二者之所以有大小乎？虽然那般处有二焉，有禀质本如此，不待勉强而自能如此者。有本质不能如此，积工累业，方到得此地位者。此二者之所以异也，然则天地之量，非生知之圣不可，岂可易得？呜呼！淳风一去，哲人不作。举世滔滔，氓俗靡靡，满目浑是荆棘，了无一片着足处。[①]

25. 李民宬（1570—1629）《敬亭集》

李民宬，字宽甫，号敬亭，朝鲜中期文臣，于1602年和1623年出使明朝，多与明朝文士唱和，相传当时明朝文士称其为朝鲜“李谪仙”。其《拟皇朝群臣贺天宇澄清》中收录向明朝皇帝呈上的表文，其中谈及燕赵之地位。兹录表文如下。

① 卢景任：《敬庵集》卷四，朝鲜刻本，第17～18页。

圣神握瑶图，既收混一之绩。日月光天德，获睹澄清之符。瑞色腾霄，欢声匝地。钦惟皇帝陛下，首出庶物，抚有万邦，用夏变夷，克尽君师之责。惟皇作极，诞敷敛锡之休。西湖之紫气呈祥，东吴之黎庶加额。俯悯昏垫之祸，普答云霓之望。掀荆浙举闽齐，一伐止于四伐。取秦晋下燕赵，东征讫于西征。底文轨之攸同，式神人之交庆。休征肸蠁，际黄河之一清。阴云划剷，仰太阳之普照。丕新污染之俗，允升馨香之治。天为天人为人，致群品之式序。王而王帝而帝，知中国之为尊。疑醉梦之获醒，若鸿仪之肇判。万象并曜，绝纤翳之或干。六龙御天，符大明之爰始。喜溢司天之奏，光增太史之书。化协阴阳，等天开而地辟。功格上下，帙乾清而坤夷。苟非圣化之默孚，曷致天休之滋至？伏念臣等俱以萤灼之智，幸依日月之光。渊渊其渊，浩浩其天。讵窥尧舜之德，明明在下，赫赫在上，庶颂文武之功。①

26. 朴弘美（1571—1642）《灌圃先生文集》

朴弘美，字直哉，号灌圃，朝鲜中期文臣。其担任昌原府使之时，因清廉善政而受到朝廷六次嘉奖。他的《销魂桥》一诗如梦游中华，流露出壮志未酬之感。虽不知其诗确切的创作年代，但依据他不满时政辞官的经历，可以猜测是在1615年朝鲜频繁发生狱事之后而作。诗中的燕赵既是失落之地，也是英雄奋发之地。全诗如下。

① 李民宬：《敬亭集》卷十二，朝鲜刻本，第21～22页。

秦京道出灞陵遥，车盖纷纷朝复朝。
多小征骖向关洛，古今离恨在河桥。
空留别泪沾金背，长带新愁卧玉腰。
万里路分堤上草，几人魂向此中销。
羁臣去国游燕赵，荡子从军戍蓟辽。
秋雨暮烟人杳杳，北风残日马萧萧。
赤阑渡后心如结，南蒲归时鬓欲凋。
不是到桥怀便恶，只缘分手恨偏饶。
人间莫怨川梁阻，天上犹传乌鹊谣。
独有少年题柱客，肯将悲涕洒春潮。①

27. 李安讷（1571—1637）《东岳集》

李安讷，字子敏，号东岳，谥号文惠，朝鲜中期文臣，尤爱杜甫之诗，作诗极为严谨。李安讷于 1601 年和 1623 年出使明朝，途中创作了大量诗歌，《通州行》五首中第二首描写了燕赵的人文风气和社会场景。

燕赵出美女，幽并多侠儿。
喧然大都会，相与竞奔驰。
绣户青罗帐，银鞍白玉羁。
笙歌无日夜，行乐太平时。②

① 朴弘美：《灌圃先生文集》上卷，朝鲜刻本，第 40 页。
② 李安讷：《东岳集》卷二，朝鲜刻本，第 27 页。

28. 赵希逸（1575—1638）《竹阴集》

赵希逸，字怡叔，号竹阴、八峰，朝鲜中期文臣，曾以接伴使等身份接待出使朝鲜的朱之蕃、毛文龙，展现了卓越的外交才华。赵希逸曾撰写《经史质疑》，可见其文史功底。他的《舞嫌地狭赋》论及“燕赵擅厚”，其相关内容选录如下。

> 冕而总干，礼言其节，长袖者善，史称其适。非不容一，人之回旋兮。王讵嫌夫地狭，乍举袖而益封兮。吾知夫舞不全拙。猗兰醉夜，唐儿误侍。苍震有祥，咏麟之趾。爰锡土而之屏，邈长沙之千里，鱼盐海兮橘柚园。齐楚斗富，狗马地兮旃裘乡。燕赵擅厚，境甓而贫。维王攸国，地湿而泄。维王攸邑，莫据大而享丰兮。用不慊乎其志，惟处小而居卑兮。①

29. 申敏一（1576—1650）《化堂集》

申敏一，字功甫，号化堂，朝鲜中期文臣，官至正三品大司成。他的《奉送尹书状朝京》一诗充满了对燕赵的想象。

> 尹侯兄弟谁能当？少年立身何坦荡。
> 家声辉赫盖吾东，更有文章游夏上。
> 观风一节手中在，去去乘骢朝玉京。

① 赵希逸：《竹阴集》卷一，朝鲜刻本，第 4 页。

玉京迢迢几千里，燕山易水西回萦。
军容国步正堂堂，礼乐冲瀜弥八纮。
是时皇家太平久，白日歌钟喧帝城。
天街朝罢香满身，共醉悲歌燕赵客。
愿子努力慎令仪，九重归来再前席。
他日佳期在何许？开筵扫洒清溪石。[①]

30. 金　堉（1580—1658）《潜谷先生遗稿》

金堉，字伯厚，号潜谷、晦静堂，谥号文贞，朝鲜中期文臣，一生四次出使明朝。金堉的观察能力敏锐，在出使过程中能捕捉国家兴衰缘由。他的《哀江南赋》表达了对明朝衰落的叹息，但在后半部抒发感怀，并通过圣主德行和各地人才等表达了中兴的希望。此赋言及燕赵之才淑，摘录相关内容如下。

念祖宗之积德，岂十世而斩泽。望东南之佳气，想龙凤之天属。森旧物之犹在，岂重恢之无略。地佳丽于江南，势龙蟠而虎伏。初定鼎而宅兹，等周家之卜洛。苟得贤而养民，鉴前车之既覆。按旧都而改辙，复何难于禹绩。山东西之将相，燕赵鲁之才淑。多慷慨而悲歌，亦习礼而知学。讵甘心而屈膝，再尊主乎奇渥。日夜望于官军，思一洒乎耻辱。抑天定之如何，仰苍苍而漠漠。揽余涕而抒哀，窃敷衽而精祝。[②]

① 申敏一：《化堂集》卷一，朝鲜刻本，第10～11页。
② 金堉：《潜谷先生遗稿》卷一，朝鲜刻本，第4～5页。

31. 李敬舆（1585—1657）《白江集》

李敬舆，字直夫，号白江、凤岩，谥号文贞，朝鲜中期文臣，官至正一品右议政。其于1644年和1650年以谢恩使出使清朝，在明清易代之前写下的《送高善行千秋朝京之行》充满了对中华的向往和对明朝的担忧，诗中也书写了燕赵的辉煌历史。

忆昔壬辰兵火纯，自有东方未有此。
崆峒仙仗有行殿，河北列郡无义士。
先公洒泣立赤帜，左袒遂自湖南始。
三纲几息赖不坠，为我社稷天生李。
孤军锦城事大谬，一夕溃边空壁垒。
臣死于君子死亲，国有我公公有子。
高悬大节斗白日，争点文章照青史。
贤焉圣焉孰不死，独留芳名满人耳。
大贤之后竟不替，之子高才世无比。
忠孝元来子家事，文章亦能窥姚姒。
挥锋一扫北学者，直践词坛南面视。
名编汉家羽林儿，职列周官司马吏。
於皇大明圣天子，四海九州车同轨。
鹤禁虹流小海澄，千秋庆节清秋是。
嵩呼一声万邦欢，篚厥玄黄无远迩。
吾王事大出诚若，特咨廷臣进包匦。
霜威既假御史骢，铁冠又戴中丞豸。
斯人将命寸心赤，路指燕云四千里。

辽左提封限华夷，蓟北山河壮表里。
禹迹千年碣石开，秦墉万叠临洮起。
丁零鹤归尚馀柱，都尉虎变犹着矢。
安市城顿九伐威，首阳山含二子耻。
榆关雁塞今归籍，易水云中古称冀。
凿井耕田百万家，遗氓尚识陶唐氏。
峨峨帝居九天上，百官之盛宫室美。
祥云瑞气满龙楼，玉帛讴歌贺凤纪。
男儿本有四方志，壮游斯行诚幸矣。
长卿入汉我作臣，季札观周子行侈。
燕赵素称烈士多，慷慨悲歌良有以。
慷慨悲歌送君归，不学儿女临歧泪。
送君归赠以言□，勉继先公忠与义。
先公忠义古谁伦，宋朝丞相文山似。
呜呼丞相何处寻，闻道皇城有柴市。①

32. 金应祖（1587—1667）《鹤沙先生文集》

金应祖，字孝征，号鹤沙、哑轩，朝鲜中期文臣。在明清易代之时，金应祖秉持“尊明大义”，主张对明朝进行事大交邻政策，因此受到排挤。在他所作《送忘言公朝天》三首中能够读出“名分”和“现实”的矛盾，其二中也呈现了对燕赵气概的认同，兹录如下。

① 李敬舆：《白江集》卷一，朝鲜刻本，第 26～27 页。

明公素性爱林泉，舒卷无心只任天。
道屈岂缘浮世狭，才通咸惜一州专。
大朝将命诗三百，碧海扬帆路八千。
燕赵素称多慷慨，相逢试和郢中篇。[①]

33. 崔有渊（1587—?）《玄岩集》

崔有渊，字圣之，号玄岩、玄石，朝鲜中期文臣，学问深厚，官至承旨。其孝心至诚，曾因母亲患病而辞官。崔有渊有《燕云记行序》一篇，全文如下。

汉之司马子长生于龙门，遍踏九区，其为景物役也，前后莫出其右者。今观其著述，至于燕赵之士，尤致意焉者，岂非燕赵之士，尚节义重然诺，悲歌感慨，忘生轻死，出乎其性，与西南不同乎？抑其中荆卿嘉舞阳则吾所不取，而至如望诸君之忠节，高渐离之徽烈，令人耸动击节于千载之下矣。然闻风俗与化移易，又安知今世亦复有望诸君，高渐离者乎，望诸君，高渐离虽不得见，吾无憾矣。何者玄冰朔虚，乘使者车，过辽阳城，则古之丁令威者。羽衣翩翻，翅如车轮，入吾之梦矣，拂剑长啸，登临望海楼，则祖龙之剑决浮云，虎食山东。蒙恬之北却、林胡、楼烦、开榆中地筑长城如昨焉。把酒黄金台，西风渡易水，则恍见燕昭之礼士，渐离之悲歌矣。登首阳之层峦，

① 金应祖：《鹤沙先生文集》卷一，朝鲜刻本，第4页。

谒孤竹之遗庙，则二子清风，尚能廉顽立懦于吹万古而无穷极矣。乘兴而去，乘兴而还，又何必见其人乎哉。然则东方之景物役而壮游观者，夫孰能出吾一步地乎？吁！子长好为景物役，而归而治文著书，若不能治文著书，则乌可谓景物役乎哉，故吾于此行，有所感矣。古人诗卷有长留于天地间者，若吾纪行诗律，与子长著述，上下同游，其共伯夷之清风，望诸君之忠节，高渐离之徽烈，而不泯于千万古，则其有得于景物役者，为如何哉？只恐波涛入笔，江山助兴，而风雨不惊于落笔，神鬼未泣于诗成也。惟诸君子恕焉，时游奄阳月，方丈山人书。[①]

34. 吴　翻（1592—1634）《天坡集》

吴翻，字肃羽，号天坡，朝鲜中期文臣，于1619年以陈奏使书状官出使明朝，在1625年又以谢恩兼奏请副使臣出使明朝。吴翻的诗文简洁明了，擅长写纪行诗，在出使过程中留有诸多诗作。

吴翻的作品中直接描写燕赵的有《次素翁韵》《莱州途中》《颜鲁公庙》《葱秀馆次熊天使韵》，分别如下。

当时文章永嘉权，汉阳二赵相蹁跹。
弃瓢奇踪忆巢父，蹈海高标犹鲁连。
感慨时过燕赵市，短褐匹马囊无钱。

① 崔有渊：《玄岩集·别集》，朝鲜刻本，第4～6页。

风尘满眼每雪涕，共说江湖存宿计。
龙头古亭最清绝，物外烟霞锁松桂。
池鱼野鹿自吾友，柴门几杖宜白首。
终南渭水入寒望，愁对山村一樽酒。
可怜九苞丹穴雏，出世岂肯随凡徒。
寥寥天地少知己，白云在山明月孤。
弟子传经何所能，漫凭长铗归来乎？
千里征衫许留挽，乌鹊桥边白日晚。
竹里金盘发孤笑，几夜匡床同息偃。
佳人舞袖轻如燕，笛声寥亮歌声远。
向来风流久萧索，天遣十洲奉仙乐。
孟郊五十几何耄，满座咄咄称嚄唶。
醉后健笔驰长杠，高浪驾天输制作。
英雄得意有如此，万事都付舟藏壑。
天涯会合不可常，中院孤舟迎画角。
更蒙携手渡三峡，滟滪瞿塘忘险恶。
县斋连衾是二仲，炉香竹雨团清梦。
使君情味晚谁似，蓝舆为过清流洞。
明朝视今即宿昔，世故倏忽成陈迹。
阳关数叠断肠曲，叵耐欢娱转忧戚。
临歧赠语亦宠幸，况乃催觞烛还秉。
调冰雪藕纳早凉，错落珍肴杂茶饼。
晋城归路已杳冥，芳草连天魂耿耿。
近闻群贤戴圣君，争树麟台第一勋。
既思授简马相如，必收草玄杨子云。
请君勉旃勿少休，会遇巧匠挥郢斤。

敢将酬唱比埙篪，临门把臂徒殷勤。[①]

——《次素翁韵》

自识无奇语，如何老未休。
道涂酬宿债，春日遣闲愁。
燕赵人人玉，登莱处处楼。
几时江汉上，回首帝王州。[②]

——《莱州途中》

天宝人无数，惟公死亦生。
高名齐泰岳，正气作长城。
乱贼宜知惧，纲常赖以明。
偶随燕赵客，一揖写余情。[③]

——《颜鲁公庙》

行行不曾厌，胜赏惟所求。
秣马葱秀馆，溪山清以幽。
翛然发兴奇，造化信多谋。
却疑坐玄圃，还似超瀛洲。
春气会晚晴，同来幸良俦。
轻岚裛征袂，彩屏开病眸。
架壑小桥危，缘崖一径修。
琮琤玉溜响，乱泻岩底湫。

① 吴翻：《天坡集》卷一，朝鲜刻本，第25～27页。
② 吴翻：《天坡集》卷二，朝鲜刻本，第33页。
③ 吴翻：《天坡集》卷二，朝鲜刻本，第26页。

波深鱼自聚，树密鸟争投。
谁知羁旅怀，暂憩当冥搜。
迩来锦囊空，佳什庶可收。
仙踪既杳邈，物色犹分留。
俊逸咏文章，轶荡想风流。
张骞才上汉，季札始观周。
严程饮冰志，对此增浏浏。
何当报明主，解绂得早休。
仰羡云间鹘，轩昂耻下鞲。
烟尘涨辽塞，日夕空百忧。
行逢燕赵士，共掷鹔鹴裘。
放歌酒垆边，仍成湖海浮。
君看马子长，千古称壮游。[①]

——《葱秀馆次熊天使韵》

35. 金世濂（1593—1646）《东溟先生集》

金世濂，字道源，号东溟，谥号文康，朝鲜中期文臣。其于1636年以通信使副使出使日本，后在地方任职期间刊行《近思录》《小学》《性理字义》等来实施教化。金世濂精通诗文，晚年钻研经书，被当时文士称为“真学士”。他在《烈士篇奉呈水色（许樀）》中谈及燕赵客，兹录如下。

君不见太华岭上三尺雪，白日照之难为节。

① 吴翻：《天坡集》卷一，朝鲜刻本，第40～41页。

君不见汉水江头十丈冰，青春受谢终应灭。
世间翻覆亦如此，万事有盛还有歇。
千钟取醉欲自适，谁能碌碌事干谒。
有目不见七贵面，有足不入五侯宅。
猖狂一世掉头行，自是悲歌燕赵客。
袖里空馀朱亥铁，铜盘未歃毛遂血。
渑池昔日会秦赵，披却相如三寸舌。
惜哉时无雄俊士，坐令竖子收奇烈。
海内即今何言平，壮士相逢胆欲裂。
富贵于我何有哉，走马莫道黄金埒。
低头乃与哙等伍，裂冠不作儿曹列。
一片中原白日暮，何人识我忧心苦。
大笑出门不知处，六日衡山晦风雨。①

36. 李明汉（1595—1645）《白洲集》

李明汉，字天章，号白洲，谥号文靖，朝鲜中期文臣。其与父李庭龟、其子李一相均有任职大提学的经历，史称"三代大提学"。李明汉的政治生涯深受明清易代这一历史变革影响，他曾两次被押送至沈阳。在政局动荡之时，他写下《问江山养豪杰策》，其中谈及司马迁壮游燕赵，相关内容如下。

江山有助于文章，若此类多矣。杜陵远客，避兵

① 金世濂：《东溟先生集》卷一，朝鲜刻本，第1~2页。

荆南。三霜楚户，十暑岷山。观览既审，则语亦惊人。眉山学士，受玦南州。左右溪山，应接不暇。则发于文字者，便觉奇绝。龙门太史，弱冠远游。南探禹穴，北涉汶泗。悲歌燕赵之间，讲业齐鲁之墟。网罗天下，放失旧闻。鼓舞千古，震荡六合。烟波万里，莫窥崖岸。则三子文章，同可谓得江山助。而鲸鲵碧海之称，只为诗句之圣。贫儿慕富之说，亦为太史而发。则《三坟》《五典》以来，太史一人而已。文章虽曰小技，亦系世道之升降，乌可尽委于江山哉。大抵江山养兴之物，豪杰拔萃之称，而养兴非一端也，拔萃非一揆也。①

37. 金德承（1595—1658）《少痊公文集》

金德承，字可久，号少痊、巢睫，朝鲜中期文臣。其精通经史，擅长韵文，涉猎星历。他于1625年以冬至使书状官出使明朝，之后在送别吕子厚赴京之时，回忆起燕赵之行而写下《送吕参判子厚（尔载）赴燕（十月晦）》。

昔我游燕赵，年方三十壮。
揽涕黄金台，悲歌易水上。
有时逢酒人，烂醉同慷慨。
尔来二十载，华发三千丈。
今日送君行，忆旧意惝恍。

① 李明汉：《白洲集·别稿》卷五，朝鲜刻本，第5页。

珍重愿加餐，严风绝白蒋。
时危宜报主，莫叹身鞅掌。[①]

38. 郑斗卿（1597—1673）《东溟先生集》

郑斗卿，字君平，号东溟，朝鲜中期文臣、学者，于1626年以布衣身份参与接待了明朝使臣，他于1629年中别试文科状元，但也只担任过六品正言等官职。郑斗卿因屡次上疏不被采纳而弃官，并多次拒绝朝廷赐官。他的诗歌中多次出现“幽并客”和“燕赵姝”。他在《记行述怀赠北评事朴德一吉应》中写道：“赫赫丰沛邑，盈盈燕赵姝。”[②] 其《长安三十韵》道尽帝王都城的辉煌与域外人士的担忧，全诗如下。

长安佳丽地，函谷帝王都。
沃野一千里，金城十二衢。
秦关右陇蜀，汉苑左苍梧。
北阙通天上，南山到海隅。
楼台临日月，疏凿象蓬壶。
形胜山河壮，风云气色殊。
盘开金掌出，池迥石鲸孤。
日出千门辟，春正万国趋。
前驱大司马，后骑执金吾。

① 金德承：《少痊公文集》卷一，朝鲜刻本，第25页。
② 郑斗卿：《东溟先生集》卷九，朝鲜刻本，第7页。

戚里经过密，侯家意气须。
银钩卷珠箔，彩帐拂流苏。
翡翠宫中树，鸳鸯池上蒲。
当筵且歌舞，秉烛更欢娱。
青甓承苔藓，银床转辘轳。
金鞭争络绎，翠盖暂踟蹰。
狭路车相问，新丰酒可沽。
亭边逢李广，陌上见罗敷。
玉勒谁家子，青楼自有夫。
横行一剑在，散尽百金无。
郭解偏通侠，朱家不好儒。
槛中宁作虎，辕下耻为驹。
门有幽并客，家多燕赵姝。
霸陵辞格兽，大漠逐征胡。
献凯朝龙阙，封侯剖虎符。
交情见贵贱，世事有荣枯。
碧海桑田变，青门瓜地芜。
盛衰俱已矣，今古一呜呼。
扰扰风尘里，纷纷名利徒。
侏儒空费粟，董偃自多珠。
独有梁王客，临邛托酒垆。①

① 郑斗卿：《东溟先生集》卷六，朝鲜刻本，第1页。

三　十七世纪燕赵纪事辑考

1. 金弘郁（1602— 1654）《鹤洲先生全集》

金弘郁，字文淑，号鹤洲，谥号文贞，朝鲜中期文臣。他对外主张自强，对内实施“大同法”，曾经针对官纪、田制、贡物等时弊进行上疏改革。他的《送冬至副使洪大而赴燕》二首充满了对燕赵之地的好奇。

圣朝专对叹才难，亲擢薇垣第一官。
未信关山非坦道，从教宦海走狂澜。
首阳清节三纲立，易水悲风万古寒。
沿路应多怀古咏，归来须寄老夫看。[1]

大醉狂歌猛虎词，送君千里走京师。
非关外国无全节，自是中原异昔时。
燕赵山川迷赤祲，东南天地有黄旗。

① 金弘郁：《鹤洲先生全集》卷六，朝鲜刻本，第21页。

行行若遇屠间客，试问官军出塞期。[①]

2. 姜柏年（1603—1681）《雪峰遗稿》

姜柏年，字叔久，号雪峰、闲溪、听月轩，谥号文贞，朝鲜中期文臣。其于1660年以冬至副使出使清朝，途中感怀中原易代而作《途中偶吟》，诗中通过燕赵志士表达了无奈之情。

燕赵从前志士多，今无一介丈夫何。
诸州猛将争投甲，四代元戎亦倒戈。
楚士偏陵秦吏卒，周生空泣晋山河。
凄凉古堞馀三户，抚剑沉吟为咄嗟。[②]

3. 李晚荣（1604—1672）《雪海遗稿》

李晚荣，字春长，号雪海，朝鲜中期文臣。其于1636年以冬至使书状官出使明朝，后于1651年和1671年出使清朝，对中国地理有实地考察经验。他的《地图示禹》一文论及燕赵的历史地位和地理优势，全文如下。

一幅绘事，尧封禹服，从某至某，马上旧物，披兹图而示禹。大哉东汉之初经营，闵大勋之未集，责前计

① 金弘郁：《鹤洲先生全集》卷六，朝鲜刻本，第21页。
② 姜柏年：《雪峰遗稿》卷十四，朝鲜刻本，第7页。

之乖张，伊昔赤刘十二，道丧百六。新室剪汉，火祚中缺，卯金氏十二万馀人，白水有真，当搀抢旬始之群兴，发迹舂陵，绛其衣兮大其冠，乃崎岖乎羊豕之间。不偕成旅，锐志恢复，电击昆阳，芟夷寻邑，蚁动略除，汉业将振。夫何更始之昏庸，又致四海之怨叛，莽身首之才分。群不道之交乱，乃持节而渡河，将延揽其豪杰，杖策有人，追之及邺，一见进说，安天下计。云龙际会，雄襟默契，庶二人共济艰难，救万命于涂炭。逮王郎之窃发，燕南赵北望风而响震，势蹙蹙而靡所骋，将自送而西还，慨用武之无地，叹功业之未建。当其军门日暮汗马初卸，群僚毕会而计事，北道主人大树将军，并寇邓而峙坐。于是大司马舍幄中筹，披天下图，顾左右，来汝禹，指点丹青，昭示区域，率土之滨，森布一幅，赤崖朱垠，流沙幽朔，其里则万，其兆则亿。曰此万国山河，旧汉家声教所讫。今幅裂而星分，随狐兔而堀穴，青齐以东，尽入赤眉之手，关陇以西，总为隗嚣之有，益州则公孙专制，河西则窦融割据，洛阳旧王者之宅而铜马充斥，河北实富强之地而五校寇掠，况此冒号之贼，又据燕赵之境。九州百郡之广大，五渎四岳之形胜，皆沦没于桀黠，任剽夺于凶逆。顾我三载之驱驰，所成几何，按图较得，惟一广阿，地小贼众，兵弱敌多，颠沛至此，讵期匡复，势难自存，计将安出，子谓我不足定也，前言戏耶？于是邓禹乃睟其容笑听然，潜筹默画，继以扬言曰，惟兴邦，自有其道，不在众之多寡，不在地之大小，不在事之难易，不在势之强弱，唯在德之厚薄，与夫义之曲直。中兴惟德，创业惟德，济世安民，罔不在德。是故百里地之狭也，汤以之而灭桀；三千众之寡也，武以之而剪商。且我高祖之开基也，地唯小沛，身则亭长，兵则锄耰棘矜，敌则大楚强秦，然犹敌以其暴，帝以其仁，敌以其强，帝以其德，卒戡项而锄嬴，创无疆之洪业，以德而已。乌在力弱，方今四海称刘假号，万民思汉讴吟，人心若此，天意可占，既是庸材更始，何者以天下王。今时则易然也，况我明公，帝室之胄，天下之望，威加远迩，名著图谶，驱战象于滍川而人服其勇，整威仪于洛阳而识者属心。苟能德以抚民，义以征讨，则彼妖腰乱领，何难扫除。勖哉明公，唯德之懋。于是大司马闻言惕悟，喜动颜色，扫却赤县之图，岸帻而叹曰，汝良于言，乃言攸服。乃命任光邳彤等，整顿兵马而北，军声震叠。①

4. 宋时烈（1607—1689）《宋子大全》

宋时烈，字英甫，号尤庵、尤斋，谥号文正，朝鲜中期文臣、学者，官至正一品左议政。其学问深厚，对朝鲜半岛朱子学的发展贡献极大，撰写了《朱子大全札疑》《朱子语类小分》等著作。宋时烈在书信中多次提及燕赵，比如在《答金景能》（丙辰五月二十六日）中说道："用蒯通之谋，而夸示燕赵之策也。"② 在《答金景能》（丙寅正月二十日）中提醒金景能不仅要有燕赵气象，还要有利用圣人言反躬自

① 李晚荣：《雪海遗稿》卷十四，朝鲜刻本，第2~4页。
② 宋时烈：《宋子大全》卷八十四，朝鲜刻本，第22页。

省之气度。

> 佥书忽至，甚慰新岁相思之心矣。贱疾一向沈绵，未知何日了此未了事耳。景能缕缕之示，皆已承领矣。自刎之谕，何其猛耶！有似燕赵间气象，而欠却《论语》《小学》反躬自省之规模矣。黑白之云，屡蒙提诲，非不知盛意所在。而自料此汉坐在危辱之地，虽或言之，谁复信之？所谓垢弥甚矣者，正是此也。且孙儿曾以朱子论范忠宣事，言于稠中，大祸已兆矣。今又曳薪而救火耶？又今世以愚为武叔伯寮。而诸君又欲使我当孟子韩公之责，人孰不笑之。非徒笑之，必将怒之曰："人以为跖而自以为舜云尔？"戒语服膺之谕，不胜钦叹也。文中子所谓止谤莫如自修，真知言也。①

5. 洪九渊（1612—1635）《磨镜轩集》

洪九渊，字而静，号磨镜轩，朝鲜中期文人。其自幼便显示出作诗的卓越才华，十岁开始创作汉诗，在短暂的生命里共存129首诗歌。洪九渊的汉诗清丽脱俗，《青青河畔草》与《凛凛岁云暮》中运用了燕赵形象，两诗分别如下。

> 高楼有佳人，兰泽多芳草。
> 荣华能几时，弱质不自保。
> 良人久燕赵，此节岂长好。

① 宋时烈：《宋子大全》卷八十四，朝鲜刻本，第39～40页。

日暮倚纱窗，佳期苦不早。
春风忽已归，玉颜恐衰老。
独叹南山松，岁暮犹不槁。①

——《青青河畔草》

凛凛秋闺夕，幽居离恨情。
商飙一以至，游子久远行。
感彼时景暮，惜此芳岁零。
燕赵多新爱，安得念平生。
昔去有好言，春去秋当还。
人事喜变易，忽已经九年。
精诚难自通，梦想可以宣。
忧心常耿耿，寝寐亦何依。
寄语云中雁，愿得一高飞。②

——《凛凛岁云暮》

6. 申　最（1619—1658）《春沼子集》

申最，字季良，号春沼，朝鲜中期文臣。其在担任春秋馆记事官时参与编纂《仁祖实录》，著有《礼家附说》等。申最文章出众，善写赋，其赋被《海东辞赋》收录。他的《原俗》一文考据中外习俗，亦涉及燕赵，其相关内容节录如下。

① 洪九渊：《磨镜轩集》，朝鲜刻本，第26页。
② 洪九渊：《磨镜轩集》，朝鲜刻本，第30页。

流而不知止，习而不知变，恬然而莫之觉者，俗使之然也。齐鲁之礼让，燕赵之慷慨，国之俗也。夏之忠商之质周之文，世之俗也。举一国之俗而尚礼让，则虽有勇锐悍戾之人，不得不为撙节揖逊之容。举一世之俗而尚文，则虽有质木朴野之人，不得不为辞辨泽顺之貌。故国之俗，可易之以化也。世之俗，可革之以道也，三年而报政，易之以化也。质文之相因，革之以道也，国之俗弊而不知易则偷，世之俗弊而不知革则乱，故周之衰也。纵横游说之士起，秦之乱也，惨刻狙诈之谋兴，西汉不得不以风流笃厚为尚，及其弊也，柔懦顽钝，篡夺之祸，起于衽席，而莫之遏焉。[①]

7. 洪　葳（1620—1660）《清溪集》

洪葳，字君是，号清溪、苍岚，朝鲜中期文臣，致力于实学，曾向朝鲜朝廷上奏议达数万之多。他的《闲居问答》一文论述君臣准则，以“燕赵之姝、吴越之娃”来警示执政者。相关内容节录如下。

人君好广厦则陇蜀之楩楠，江汉之杞梓。大而梁栋小而宊桷，皆就用于工师矣。人君好美色，则燕赵之姝、吴越之娃。扬眉而流眄，逞媚而献态，皆充于后庭矣。人君好驰骋则汗血之驹追风之足，不待千金而来驾君之车矣。人君好瑰宝奇玩之物则珊瑚瑟瑟明月夜光之属，

① 申最：《春沼子集》卷三，朝鲜刻本，第1页。

虽遐方殊域之所有。大海深山之所生，不远千里而莫不入于君之府库矣。[①]

8. 李震白（1622—1707）《西岩遗稿》

李震白，字太素，号西岩老人，朝鲜中期文臣，官至户曹参判。其所作《登石门峰》表现了登顶的旷达，欲穿越时空呼唤燕赵悲歌士。

山上奇岩岩上枫，一丝猿路细盘空。
登临落日孤云外，起舞长天大地中。
俯视八垓多感慨，缅怀千古几英雄。
欲呼燕赵悲歌士，寄和沧溟万里风。[②]

9. 申 混（1624—1656）《初庵集》

申混，字元泽，号初庵、柳庵，朝鲜中期文臣，诗文出众，书法造诣深厚，曾参与编纂《仁祖实录》。他的《游药山宿栖云寺》将燕赵入诗，全诗如下。

清江上游地，太白最高拱。
蜿蜒气南走，药山当其壅。
匪惟流峙会，兼以关防重。
孤城缭睥睨，众壑委堆垄。

---

① 洪葳：《清溪集》卷七，朝鲜刻本，第8页。
② 李震白：《西岩遗稿》上卷，朝鲜刻本，第39页。

初闻魂先爽，欲蹑心方悚。
披云入蒙笼，跻险缘嵱嵷。
僧廊架幽崖，佛殿耀修栱。
遂登东台顶，下视群山冢。
联绵尽辐凑，环向如尊奉。
前流可俯饮，仄倒难容踵。
高秋动泬寥，杂卉凋丰茸。
香炉插天起，飞雪先冬拥。
凌兢积阴风，百里声汹汹。
江澄岛屿出，海黑波涛涌。
天长已穷眺，地尽犹思踊。
筵从主人设，觞许妓女捧。
清歌列燕赵，哀管杂羌陇。
翻思在羁絷，塥塞生忧恐。
危途苦难冒，跛步一何勇。
只欲效忠鲠，焉知幸恩宠。
幸蒙天网恢，得免梏与拲。
悲肠结九回，泪自流双瞳。
唯思脱拘囚，岂惮置闲冗。
愧彼林间鸟，栖息养其氄。
望乡胝空悁，吟诗思独耸。
暮归方丈宿，月出鸣幽蛩。
静思边郡瘁，仍念朝议讻。
耿耿不能寐，忧端非一种。[①]

① 申混：《初庵集》卷五，朝鲜刻本，第8页。

10. 李敏叙（1633—1688）《西河先生集》

李敏叙，字彝仲，号西河，谥号文简，朝鲜中期文臣，文章和书法出众，多结交当时名士，曾任户曹判书、吏曹判书等官职。他的《送文谷以书状赴燕序》一文记述燕赵，并嘱托金文谷在赴京途中遇到燕赵人士转赠诗作。其文如下。

友人金久之，将有燕山之役，要余言。临行余言之曰，自余之识事也，为役于强奴。岁遣使至其庭，足相蹑也。朝之士大夫，孰有免是役也哉？今子之行，亦宜次及。且子之齿方壮，子之身方健。虽以辽蓟之险遥，祈寒雨雪之严，无道路之虞可必也。吾于子何戚焉？况子才足以专对而备下价，道足以行蛮貊。而当修好无事之日，出疆之事，有上副在，子无所虞度以劳子之心虑者。吾于子何赠焉？吾尝闻国朝盛时奉使中国者，人莫不荣之以文物衣冠可观也。礼乐法度可慕也，风流渥泽可沾被也。宫阙城郭之巨丽，可周览以自壮也。今则无是焉耳。吾于子何侈焉，然则赍咨涕洟以送之不可也，亦不可谋虑而佐所事，又不可张大而夸其行，将何以送子也？虽然抑吾有素所疑惑者，默访于子。古人曰盗贼群居，无终日之计。盖以力攘夺人之财货，财尽则各自贼杀以亡也，此虏乃盗贼之雄耳。乘天下内乱，窃入而潜据之。此如盗因人之昏睡，担囊胠箧而人不禁，其势固也。今则客居中土且十年矣，无礼法政教以维持之。主少未壮，下多强梁诸将，此必易以有变。而乃能晏然自保何也，岂其权力不分，势有所统耶？其为治略有经纪，如慕容、拓跋，金元之为耶。中国之人有立于其朝者，百姓无讴吟思汉者否乎？其威力之所服，亦何所至极也。强弱形也，离合势也。善观者必有以得之。大江之南，闻有朱氏遗裔云。其得不废乎，天下大物也。其乱也必有豪杰之士起而为民倡，岂今独无也？余之所欲问者此也，子之归，其有以复我也。且或有悲歌慷慨击筑而过燕市者，其为我寄声谢之。又为之词曰：

右沙漠兮左碣石，前长城兮后辽水。
驱单车兮使万里，履忠信兮服诈诡。
子不悲兮我则伤，我惭谢兮不知子。
今天下兮诵清阴，见吾子兮必起敬。
闻燕赵兮多豪杰，矧好义兮出天性。
为我访兮致我意，归告我兮塞我请。
岁既晏兮雨雪霏，我送子兮祝无恙。
亲在堂兮嗟余季，尚慎旃兮疾其归。
我有事兮适南方，莫远将兮交情违。①

11. 金锡胄（1634—1684）《息庵遗稿》

金锡胄，字斯白，号息庵，谥号文忠，朝鲜中期文臣。其于1683年以谢恩使出使清朝，官至正一品右议政。他在《解印间行赋（庚子）》中描写燕赵之慷慨，全诗如下。

① 李敏叙：《西河先生集》卷十二，朝鲜刻本，第1~2页。

驷一借于魏价，坐箦尸于秦府。
哀穷人之失归，悲途远而日暮。
云谁从而间行，美虞卿之辞位。
捐累累而芥视，成共难之高义。
踵佩六而有士，抱解纷之奇志。
游谈剧于代厉，慷慨称于燕赵。
一蹑屩于邯郸，托风云而遐挢。
千黄金与白璧，印如斗于肘后。
时王车之纳客，礼秦宫之宾主。
追深仇于折胁，恣虚喝而购首。
移咸阳之尺素，窘大梁之逃踪。
波臣涸而乞怜，飞鸟穷而投人。
心惟切于仗义，计奈诎于排难。
纵三寸之尚在，羌百端而无赖。
宁共尔而患难，不愿人之簪组。
顾腰间之金章，夫岂难乎解佩。
将龟纽以永褫，轻万户于土芥。
从亡人而窘步，任蓬藁之行色。
辞横金之美荣，返担簦之初服。
同赵市之混屠，若吴关之载橐。
荣华付于梦幻，意气倾于山岳。
士有时而辞尊，甘厄困而靡悔。
终穷愁以没世，独壹郁其谁解。
嗟人生之处世，谅缓急之时有。
匪贤豪之急难，孰奋节而显救。
彼夷门之刎颈，与吴江之辞剑。

酬平生之然诺，许一片之肝胆。
矧虞氏之此举，亮志士之攸感。
交情见于生死，节义著于穷途。
谢弊屣之功名，睹鼎吕之隆褒。
资游说之扼腕，留后代之风声。
然当时之习气，抑伤勇而殉名。
荀著训于害德，班有讥于捐君。
解秦围而逃爵，台独夥乎鲁连。①

12. 赵显期（1634—1685）《一峰集》

赵显期，字杨卿，号一峰，朝鲜中期文臣。他的《赠申君瑞明序》充满了告诫和勉励，充分体现了“仁人送其言”的真谛。文中表达了对燕赵侠士与慷慨悲歌的钦慕，全文如下。

瑞明勉乎哉。古人言君子尚德，小人尚口，德之不懋，而惟口之是夸，鲜有不败焉者矣。瑞明旷夷坦率，于交际有诚，德不可谓不有也。但素喜燕赵侠士悲歌感慨之风，务为博辩大谈，以压倒天下士为事，不肯屈首服圣贤训，以求为纯行君子，是比世之庸众人有间，其终或归于尚口也耶？呜呼！忠信以持之，谦恭以济之，行之惟笃而无徒言为也。吾之告瑞明止此矣，瑞明勉乎哉。瑞明适百里外，而必欲得一言相规，意非徒然，吾

① 金锡胄：《息庵遗稿·别稿》上卷，朝鲜刻本，第27～28页。

故书是以归，言纵朴陋乎，抑亦有补于瑞明之德者欤，瑞明勉乎哉。[1]

13. 申厚载（1636—1699）《葵亭集》

申厚载，字德夫，号葵亭、恕庵，朝鲜中期文臣。他曾以谢恩兼陈奏使出使清朝，在出使途中作《渔阳路》，叹道："相逢燕赵客，感慨酌无巡。"[2] 明朝灭亡之后，有一大批朝鲜文士望景生情，借燕赵悲歌抒发惋惜之情。申厚载在《送崔书状嵩齐》中也说道："燕赵古多称感慨，河山今独阅兴亡。"[3]

但是，这种"思明意识"并不影响朝鲜文士对燕赵的重新审视，申厚载的《燕京八景次明诗韵》便是情景交融的佳作，诗歌八首如下。

尘清紫陌雨初收，高插天心翠欲流。
险作关门连北镇，势包亭障护中州。
螺鬟掩映云横夕，画戟参差木落秋。
胜地登临违咫尺，此行还愧汉槎浮。（居庸叠翠）

谁筑高台压古城，夕阳无限放新晴。
依依渐觉千林晚，翳翳犹分万井明。
一代遭逢求骏骨，千秋兴废感人情。
西瞻易水微茫外，恨入寒波尚未平。（金台夕照）

① 赵显期：《一峰集》卷三，朝鲜刻本，第28页。
② 申厚载：《葵亭集》卷五，朝鲜刻本，第15页。
③ 申厚载：《葵亭集》卷六，朝鲜刻本，第39页。

飞流宛宛挂晴虹，题品从知卓锡同。
喷洒初看琼岛近，朝宗终与海门通。
桥边寒色明晨旭，石上清音送晚风。
酿得青州从事饮，销愁应见策元功。（玉泉垂虹）

西山雪后玉为峰，突兀谁教耸碧空。
净扫尘氛连紫陌，晴浮瑞霭绕金宫。
松关深锁馀孤塔，溪棹遥回过几重。
千尺埋蝗真有验，预开樽绿贺时丰。（西山霁雪）

深春小雨歇芳池，向晚微风动绿漪。
沙鸟娇啼辽后阁，浪花清映汉官仪。
云开凤阙朝常早，宴罢龙舟出每迟。
往事只今浑一梦，露盘仙泣帝星移。（太液晴波）

新年淑气满乾清，琼岛春云处处生。
低近宫姬妆阁晓，迥连词客笔床晴。
随风淡淡和堤柳，带月依依度露茎。
久旱作霖知尔力，野夫今日颂升平。（琼岛春云）

帝城早发路悠悠，驱马河桥草树秋。
雁阵叫霜政南去，蟾光随水亦东流。
青楼未觉辽西梦，铁马遥怜塞上游。
试向酒家谋一醉，轻寒新透弊貂裘。（芦沟晓月）

客路滹沱近海门，微茫烟树望氤氲。
初疑旷野行人立，更似平沙落雁分。
禹贡千年犹古道，尧封万里异前闻。
相逢燕赵悲歌士，试问西湖复彩云。（蓟门烟树）[①]

14. 柳尚运（1636—1707）《约斋集》

柳尚运，字悠久，号约斋、陋室，谥号忠简，朝鲜中期文臣、书法家。其于1683年以谢恩副使出使清朝，写有与燕赵相关诗作《志感》三首和《送权书状赴燕之行》二首，分别如下。

千年郭外金冈塔，十字城中茶市衢。
缥缈朱甍是佛宇，拦街碧眼皆胡雏。

胡姬唤客笑当垆，不是酒徒是博徒。
问着故家多燕赵，悲歌慷慨时击壶。

携剑青萍玉辘轳，报仇白日红模糊。
报仇不识报恩重，争及监门一老夫。[②]

——《志感》三首

行经燕赵足悲歌，不遇知音可奈何。

① 申厚载：《葵亭集》卷六，朝鲜刻本，第30～31页。
② 柳尚运：《约斋集》卷二，朝鲜刻本，第16页。

唯有清风吹万古，也应惆怅过滦河。

第一关前草木腥，胡儿猎罢狼烟青。
东临大浸通齐鲁，此去休登望海亭。[①]

——《送权书状赴燕之行》二首

15. 金万重（1637—1692）《西浦集》

金万重，字重叔，号西浦，谥号文孝，朝鲜后期文臣、小说家。他推广谚文，创作了《九云梦》《谢氏南征记》等谚文长篇小说。他的《拟古诗》其二与《送李彝仲大谏按节岭北》其二均有燕赵元素，两诗分别如下。

皎皎纱窗日，馥馥金炉烟。
娟娟燕赵女，素手弄朱弦。
新声既袅袅，幽思亦绵绵。
问子安所思，所思在南楚。
一别经九秋，娇颜能几许。[②]

——《拟古诗》其二

城川之水向东流，上有如霞百尺楼。
燕赵古称游侠窟，沛丰元是帝王州。
平时行乐看遗俗，此地分忧得我侯。

① 柳尚运：《约斋集》卷三，朝鲜刻本，第6页。
② 金万重：《西浦集》卷一，朝鲜刻本，第2～3页。

唤作痴儿无不可，酒筹何惜作边筹。[①]

——《送李彝仲大谏按节岭北》其二

16. 权斗寅（1643—1719）《荷塘先生文集》

权斗寅，字春卿，号荷塘、雪窗，朝鲜后期学者。其于35岁之时中进士，但无心踏上仕途，专心修学。他读朱子之《远游篇》，认为其托意悠远，遂作同题不同义的《远游篇》，其中权斗寅梦游燕赵等地。全诗如下。

若人厌家居，结发事远游。
出门何悠悠，道路阻且修。
东西与南北，千里复万里。
借问子何往，上下穷维纪。
朝乘昆仑望，夕余超瀛海。
燕赵多名姬，关洛簇轩盖。
浮游靡定止，何方不我憩。
不复恋亲友，永与妻子辞。
孰忧岁华晏，去意方如斯。
君马既玄黄，仆夫以凄悲。
问子胡不归，行路多艰危。
登山虎豹嗥，水有蛟龙怒。
樯摧滟滪堆，车折太行道。
岂不虞险阻，姬文故畏走。

① 金万重：《西浦集》卷四，朝鲜刻本，第9页。

为子击长剑，悲歌泪滂沱。
嗟嗟盍归来，旧乡邈一涯。
起步试远望，云物为生愁。
佳月掩兰台，光风虚蕙楼。
愿子收逸志，及时回征辀。
举足凌八荒，何如返故丘。
莫作贩宝客，终身老殊域。①

17. 吴道一（1645—1703）《西坡集》

吴道一，字贯之，号西坡，朝鲜后期文臣，曾任吏曹参判、兵曹判书等官职，于1694年以奏请副使出使清朝。吴道一文采出众，世称“东人三学士”。他在京师时与刘德笔谈，并写成《丙寅燕行日乘》来记录当时情景。文中吴道一以唐代钱起的《逢侠者》一诗作答，相关内容摘录如下。

余又书示：“何㧑谦太过？诗不在多，言志而已。愿毋吝金玉，亟惠一绝。”刘君又书答：“诗不在多四字，仆敬服先生深于诗学老于诗学者也。然不能烦者，亦何能简老先生以为知言否？”余又书示：“今此愿得琼章，非饰例之言，出于中心先生何不谅至此？还切赧颜。”刘君又书答：“先生之爱我如此，真独嗜昌歜羊枣者。仆必不能奉教呈丑，聊效春秋列国大夫赋诗言志之义。谨以唐人绝句‘燕赵悲歌士，相逢剧孟家。寸心言不尽，前路日将斜’

① 权斗寅：《荷塘先生文集》卷一，朝鲜刻本，第5~6页。

之句代之。”[1]

由此可见，中朝文人在交流中执古御今，巧妙地以燕赵风气来表现诗歌的志气。他在出使过程中，还作《玉田次书状韵》来讴歌燕赵，全诗如下。

日暮城笳远远闻，州名盖乃玉田云。
芦滩水落沙堆白，柿圃霜多叶带醺。
世事即今夷变夏，邑风从古士崇文。
千年燕赵悲歌阕，老泪空挥易水濆。[2]

18. 申 琓（1646—1707）《絅庵集》

申琓，字公献，号絅庵，谥号文庄，朝鲜后期文臣，官至正一品领议政。其在出使清朝途中作《八渡河口占》，其中涉及燕赵之风。

征轩终日转山坡，坐拥轻裘引睡魔。
愁绪惟凭诗上遣，光阴都向客中过。
乡园已隔千重岭，行迈今经八渡河。
莫怪临觞多感慨，从来燕赵有悲歌。[3]

① 吴道一：《西坡集》卷二十六，朝鲜刻本，第28页。
② 吴道一：《西坡集》卷五，朝鲜刻本，第39页。
③ 申琓：《絅庵集》卷一，朝鲜刻本，第24页。

19. 徐宗泰（1652—1719）《晚静堂集》

徐宗泰，字鲁望，号晚静、瑞谷、松崖，谥号文孝，朝鲜后期文臣，于1703年以正朝使出使清朝，后官至正一品领议政。他在《跋赤谷枫岳录后》中引茅坤之言，借燕赵悲歌谈论文章之意，其相关内容节录如下。

> 近世茅坤曰："太史公文章，善摸状。读《荆聂传》，使人便感慨，有燕赵悲歌意。读李广等传，便欲善战，有味哉。"其言之也，此不几于化工之肖物乎？盖文章无二道，纪实咏物，机括同焉。如二谢游览诸诗及孙绰《天台赋》。每读之，其写吴越东南岳海诸胜，了如指掌。自觉神思奕奕流动，恍乎若躬亲跋履其间。文之大小虽异，其善摸状均也。[①]

20. 李衡祥（1653—1733）《瓶窝集》

李衡祥，字仲玉，号瓶窝、顺翁，朝鲜后期文臣。其一生涉猎广泛，著述颇丰，撰写《乐学便考》《江都志》等142种书籍。他在《次明谷韵寄申使君（义集并序）》中谈论中国各地声韵时说道："五方之呼吸不同。故吴楚伤于轻清，燕赵病于重浊，秦垄之懒音反急，梁益之平声似去。"[②] 其中"燕赵病于重浊"是研究燕赵语言的珍贵资料。李衡祥在

① 徐宗泰：《晚静堂集》卷十一，朝鲜刻本，第30页。

② 李衡祥：《瓶窝集》卷三，朝鲜刻本，第2页。

《书三韵通考后》中系统地梳理了中外韵学，其中涉及燕赵音韵，相关内容选录如下。

> 上古，有音无字。中古，有书无韵。韵学，非古也。概想虞夏之际，从母辨音，因数析类，为千秋叶音之祖。吕政变隶，形声自差。江左（后梁）沈约，始创纽字图。平上去入，实自梵伽（梵天伽卢）而袭焉。等切，（今之反切）亦神珙（竺僧）所遗。然吴楚伤于轻清，燕赵滞于重浊。秦陇之去声为入，梁益之平声似去，所以来后世之讥议也。至唐专于科制而声律为益严。以此推之，仓颉象物为文。故是理愈晢梵字，演音生韵，故其学最精。今之《三韵通考》，亦番僧所纂而传自日本者也。虽其脱漏居多，用意则勤矣。世之读欸乃者，因山谷而误焉。读虹霓（音逆，沈约曰："恐作平声用。"）者，不知类谱本音。间或谓违韵而圈之，固皆有本调而莫之解也。噫！匼空为上声，屡空为去声，此类甚多。而一字音奇则平也，十字音谌则非仄。奉朝请之请，唐何以作平？司马之司，相离之相，又何以为厮音乎？且如中兴之中，锦帆之帆，反作去声，皆不可知也。又安知烟笼之平，药笼之上，而且识商啇（商音翔，平声；啇音的，入声）。母毋（女内一画，为禁止之毋，故画正。女中两画，象其乳则为父母之母，故画斜。）之本，不为一字乎？况我东方音，已偏于齿。反切纽弄，太半不适。极欲等切于谚文而未果也，此又初学所当先知。适仍韵书改妆，书以为识。[①]

① 李衡祥：《瓶窝集》卷十三，朝鲜刻本，第 11 ~ 12 页。

21. 金昌翕（1653—1722）《三渊集》

金昌翕，字子益，号三渊，谥号文康，朝鲜后期学者。他酷爱读《史记》，在《送季达（昌直）之岳州序》中提及："昔龙门太史弱冠，浮江淮涉沅湘，历燕赵齐鲁之墟以归，故其文跌宕有奇气，非后世操觚者所及，则其得山川之助可谓深矣。"[①] 以此来鼓舞季昌直"以游为文"。

金昌翕作《拜送李宗伯外兄赴燕》五首，其五涉及燕赵，兹录如下。

> 碣石峥嵘岁已阑，胡风不断鸭江寒。
> 思邀燕赵悲歌韵，来激朝鲜壮士肝。[②]

22. 洪世泰（1653—1725）《柳下集》

洪世泰，字道长，号沧浪、柳下，朝鲜后期文臣、诗人，天资非凡，五岁开始学习儒家经典，尤善作诗，曾以制述官接待清朝使臣。洪世泰的诗作多表现下层人士的愤慨，其中《夜来病枕无眠，忽忆昆仑令公从游之乐，今不可得矣，且其奇才学识，未及展用于世，尤可痛惜，口占一律，朝起录呈澹翁足下，幸知之》谈及燕赵士。

> 西林风雨夜萧萧，忽忆昆仑昔见招。

① 金昌翕：《三渊集·拾遗》卷二十三，朝鲜刻本，第 1 页。
② 金昌翕：《三渊集·拾遗》卷五，朝鲜刻本，第 28 页。

意气许同燕赵士，文章说到汉唐朝。
别来玉树先摧折，老去黄垆遂寂寥。
未试平生补天手，诸公今日各云霄。[①]

23. 南延年（1653—1728）《南忠壮公诗稿》

南延年，字寿伯，号忠壮，朝鲜后期文臣。他在《次韵赠人》中开篇写燕赵悲歌，全诗如下。

招来燕赵士，抚剑听悲歌。
报国嗟无效，输忠矢靡他。
末交青眼少，旧契白头多。
郢曲君休唱，巴音我一哦。[②]

24. 金 楺（1653—1719）《俭斋集》

金楺，字士直，号俭斋，谥号文敬，朝鲜后期文臣，善经学，通地理，曾参与增补《东国舆地胜览》。他的《送书状官李周卿（世奭）赴燕》一诗表达了希望与燕赵人士交流的意向。

金飙初动送行人，把酒当筵感慨新。
岁月忍看今甲子，山河应识旧壬辰。

① 洪世泰：《柳下集》卷八，朝鲜刻本，第21页。
② 南延年：《南忠壮公诗稿》，朝鲜刻本，第12页。

龙光夜夜犹冲斗，槎影年年漫问津。

君去若逢燕赵士，为言东海老周民。[①]

25. 李玄祚（1654—1710）《景渊堂先生诗集》

李玄祚，字启商，号景渊堂，朝鲜后期文臣、学者。他在次任上舍韵《又次》中运用燕赵意象，全诗如下。

郁郁适兹土，悲歌仍击壶。

萍逢忽相遇，杯酒且为娱。

岁晏心犹壮，途穷迹太孤。

向来燕赵士，能复似君无。[②]

26. 权斗经（1654—1725）《苍雪先生文集》

权斗经，字天章，号苍雪斋，朝鲜后期文臣、学者。他擅长作诗，曾作《拟古》十五首，第十三首借燕赵姝描绘都城的繁盛。

名都多贵游，绮阁百馀尺。

招邀燕赵姝，弦歌欢日夕。

一宴千黄金，一笑双白璧。

幽闺有弃妇，惆怅不自适。

---

① 金楺：《俭斋集》卷三，朝鲜刻本，第 18 页。

② 李玄祚：《景渊堂先生诗集》卷三，朝鲜刻本，第 12 页。

结发誓偕老，胡为中阻隔。
不嗟恩爱移，但惧容发易。
纤手采葛藟，为君作絺绤。
窃愁凉风多，献君恐见掷。
裁缝箧笥中，珍重自爱惜。
四时递往复，寒尽当暑赫。
絺绤有时御，弃妾岂终斥。
一心奉君子，皓首期无斁。[①]

27. 李喜朝（1655—1724）《芝村集》

李喜朝，字同甫，号芝村、艮庵，谥号文简，朝鲜后期文臣。如前文所述，朝鲜大多文士无法接受明朝的灭亡，他们相信“胡运无百年”的说法。所以，朝鲜文士对清朝的发展和变革十分关注，这直接影响朝鲜的外交政策和思想认同。李喜朝在《上文谷金公（癸丑）》中嘱托金文谷留意清朝虚实，文中特意提及燕赵豪杰，这仿佛是他的寄托。相关内容节录如下。

顾念前后奉使之臣，泛然往来，率皆不能探识。以故玉河外一步地，漠然无有所闻矣。设令永历之报，或归于不实，亦念天运循环，无往不复，则岂无英雄豪杰之起于八方者耶？今阁下此行，若能密探彼中消息，使我国家，晓然知天下形势之所在。而仍及此闲暇，大为自强之策。则四方之忠臣义士，庶可鼓舞而兴奋矣。今

① 权斗经：《苍雪先生文集》卷二，朝鲜刻本，第5页。

若恃彼可保百年，而不谋所以自强。则他日之事，必有大窘急大仓卒。有未可为者矣。嘻！古称燕赵多感慨之士，安知无宏伟英特之士？喜阁下为东国夷齐之孙，悉以天下之奇事秘报，相率而来告者乎。天理之在人心者，其必有不泯者矣。伏惟阁下缅忆天朝旧事，必亦怆然兴怀。①

28. 宋相琦（1657—1723）《玉吾斋集》

宋相琦，字玉汝，号玉吾斋，谥号文贞，朝鲜后期文臣。其于1697年以奏请使书状官出使清朝，因擅长书写奏表而受到清朝文士赏识。他的《送谢恩书状李仲刚》其八描写了燕赵之繁华。

繁华最说通州胜，楼观应知天下无。
犹有当时燕赵客，往来调笑酒家胡。②

29. 李颐命（1658—1722）《疏斋集》

李颐命，字智仁、养叔，号疏斋，谥号忠文，朝鲜后期文臣、学者，官至正一品右议政，曾以告讣使出使清朝，在《送申圣与（晳）赴燕序》中提及未曾见到悲歌之士的遗憾。

① 李喜朝：《芝村集》卷七，朝鲜刻本，第5页。
② 宋相琦：《玉吾斋集》卷三，朝鲜刻本，第3页。

东平申圣与，赞价往燕，要余赠言。余方尝药禁中，不能唱燕歌而别之，且圣与诵诗三百。顾余言不文，亦何能行古道也？然余于此行，深有感焉。圣与三世饮冰于此路。文贞公高文邃学，颉颃嘉隆。快睹礼乐文物于万历盛际，与中州学士大夫，周旋唱酬。及至汾厓公，时则礼乐文物，久化为戎矣。公乃大书降将之石楼曰："李陵何事误家声，此其气可以愧死中国衣冠之裔而必不磨灭无传矣。"今圣与入燕，以汾厓公忾我寤叹之思。阴求万历诸人之后，出示文贞所唱酬者，以观其色之如何，余尝往来燕赵，盖未见悲歌之士。圣与默察之，或有讴吟弹铗之伦抑郁而愈不平者。文贞之时，庶可复见矣。[①]

30. 金昌业（1658—1721）《老稼斋集》

金昌业，字大有，号稼斋、老稼斋，朝鲜后期学者，学问深厚，亦擅长绘画。1681 年中进士，但选择归隐。金昌业于 1712 年跟随任正使的兄长金昌集前往北京，返回后历访角山寺，写下《寄角山寺僧（并序）》，文中用燕赵遗风形容僧杨文成，相关内容如下。

僧西河平遥人也，姓杨，名文成，字名海。初为幕下马军，性豪爽，善骑射，尤精枪法。副总赵良根奇之，拔授千总曰："是人魁梧奇伟，自是异日良将。"从讨贼屡战有功，遂迁怀远将军之职。在任廉谨，抚兵恤民，

① 李颐命：《疏斋集》卷十，朝鲜刻本，第 16 页。

有古人风。未几，赵副总以不善承奉上官，为制台所诬连坐。属员二十四人，皆拟党锢问罪。会有特旨，止拟降调。同列诸人，或赴职或待用。而杨独夷然不屑，或劝之则曰：“五斗折腰，彭泽不屑，丈夫进退自有时。区区鸡肋，复安能系余身为?”遂入山削发被缁，谢绝尘缘者今且二十年。年纪已迈，而意气愈豪壮。悲歌慷慨，不减燕赵遗风。尝语人曰：“人生世上，其来也旅寓，其去也旅归。客途劳攘，枉自奔波耳。”遂自号弘寓，山名宽缘，盖志其以缘寓形也。噫！古人谓忠臣义士为将及柄兵者，不得志而往往逃于禅师，岂其人也欤？然余见师，状貌雄伟，气度沉毅。可知其为将，不止一枪之勇。而又尝见知于赵副总，职至将军，则不可谓不得志。使究其用，万户侯岂足道哉？而一见不平，遂自弃于缁髡之中。何哉？不可知也。余闻燕蓟间古多奇伟豪杰之士，庶几今亦有之，而向日之游，未遇其人。惜乎！吾师又当面差过，未能问其少日从军之事。与夫所以弃世入山之由而相与扼腕慷慨，余甚恨之。少年以余为犹知师也，乃告之曰：“倘怜斯人，赐以题咏，或亦显微阐幽之一道也。”呜呼！以天下之大，岂无知师者？而少年之言如此乎，可异又可悲也。遂作一诗寄之，顾此何足以轻重师也。且师以浮云视身世，不知今犹在角山而能见余诗否？少年榆关人，姓名程洪，亦奇士也。

角山寺中八十僧，少日铁枪人无敌。
玉关青海几横行，战功始授将军职。
一见不平毁帻去，怀远告身视弊舄。

姚平直入大面山，寒岩常乞国清食。
豪杰往往逃禅释，此僧行藏谁复识。
家在西河不思归，凝坐蒲团发皓白。
窗间夜闻渤海涛，忽疑铁马行沙碛。
起登长城放悲歌，胸中慷慨何曾释。①

31. 金柱臣（1661—1721）《寿谷集》

金柱臣，字厦卿，号寿谷、洗心斋，谥号孝简，朝鲜后期文臣。其以孝心至诚著称，文章厚重且意蕴深远。他的《杂说》六首其一论述古今之变，阐述修养之道。文中想象了燕赵大地上金戈铁马，兹录如下。

天下虽广，古今虽悬。然图天下于掌上，七国星罗，九州错错（一本，作绣错）。俯冀雍杨徐之间而抚其迹，则伯禹凿山疏河忧勤之貌及彭蠡沧浪鸟鼠同穴。若今日目击于前也，观秦楚燕赵之境而想其事，则豪将烈士扼腕愤疾矜名趋功之状及河外伏尸洹水歃血。若今日目击于前也，人见其如此也。真欲走彭蠡鸟鼠，而揖禹氏之劳。奔河外洹水，而寻豪将烈士之风。则遗唾馀沫，亦不可得。将怅然而返，观道亦然，道虽大也，虽高也。然近取诸身，充类以求。则大而六合之内，远而天下之外。古而百世之上，新而百世之后。妙而阴阳气数，显而草木昆虫。富而万物，其道莫不毕具吾身。盖

① 金昌业：《老稼斋集》卷五，朝鲜刻本，第20~22页。

视吾身，无一之不备也。卷之又不盈于握，人闻其如此也。遂求之阴阳，求之草木。逐万物而求之，驰神百世而求之。游心天地而求之，故道每每不得，不得亦怅然，怅然将自丧。故曰："善观天下者，弃天下而视诸掌。善观道者，舍之物而求诸己。"①

32. 李观命（1661—1733）《屏山集》

李观命，字子宾，号屏山，谥号文靖，朝鲜后期文臣，官至正一品左议政。其善于体察民情，针砭时弊，又因文才卓越，常受命撰写应制文、颁教文、谥册文等。他于1718年以谢恩副使出使清朝，在《次行屏六绝韵》其二中表现了愿与燕赵人士交流的意向。

八月乘槎客，三韩一介臣。
千秋燕赵市，欲访鼓刀人。②

33. 申圣夏（1665—1736）《和庵集》

申圣夏，字成甫，号和庵，朝鲜后期文臣。他曾创作《和李白拟古》六首，其六用"云间月"比喻燕赵姝。

美人燕赵姝，颜色一何鲜。

① 金柱臣：《寿谷集》卷一，朝鲜刻本，第10页。
② 李观命：《屏山集》卷二，朝鲜刻本，第6页。

皎若云间月，十五清光圆。
自惜容华晚，佳期渺云天。
折花欲遗谁，独立秋塘前。[①]

34. 金春泽（1670—1717）《北轩集》

金春泽，字伯雨，号北轩，谥号忠文，朝鲜后期文臣，有《送申正甫赴北评事序（代人作）》一文谈论赴燕之意义，全文如下。

昔苏子由言太史公周览四海名山大川，与燕赵间豪俊游，故其文有奇气。马子才言欲学子长之文，先学其游，二子可谓知言矣。然二子之文，不能及子长。且二子者虽游览四海真如子长，其文亦必不及子长。无他，二子生于子长之后，不能不学子长故耳。夫既学其文，其于游，岂不远乎？二子亦可谓徒言而无实者矣。申君正甫又生于二子之后，方且学二子而恐不及，况子长哉？然正甫今将北游，过金刚，穷海山，逾铁岭，遵鹤浦。放乎北之凡名山大川壮丽奇怪之处，何异子长之江淮洞庭巫山巴蜀？而北之于我，如周汉之岐沛，穆翼度桓积德肇基之遗迹。我太祖飞龙御天之所，自及其园陵宫殿，具在正甫之游，何异子长之探禹穴窥九疑，北之极则白头山豆满江也。中州山川，自西而东，凡几万里，其气至此而穷。傍则海也，而又天下万水之

① 申圣夏：《和庵集》卷一，朝鲜刻本，第12页。

所注。正甫之游于其间，所以感西方之思，起神州之叹，又似子长之涉汶泗而观孔子遗风者矣。北之士，不知果如燕赵豪俊以否？而计其尚气义负雄力，瞋目语难，弯弓驰马，狎虎豹而轻戎虏者，其中当亦有庶几焉？马氏以张旭之书，喻子长之文。今北之诸姬玉貌绣衣而舞者，又安知不如公孙乎？盖正甫之游，则几如子长矣，其文则愿置苏、马二子之文而勿学。不惟苏马，并置子长而勿学。惟以其得于游者，为文而已。则子长虽不可遽及，而其或异于二子之徒言无实者矣。虽然，文有不可置者，子长固不尝曰："诵古文乎？古文者，如伏生之尚书是也。"①

35. 李德寿（1673—1744）《西堂私载》

李德寿，字仁老，号西堂、檗溪，朝鲜后期文臣、书法家。其撰写的《赠司宪府持平林公墓碣铭》用燕赵之士评价已故的林昌泽，以此表现林昌泽为人率真，相关内容摘录如下。

昌泽君讳，大润君字。谷城君籍，六世祖永茂副司直。尝病危，妻金氏焚香祷天，血指以羞。病良已，事闻旌闾。历二世，有讳六楠，年逾九耋。阶嘉义，生有善。嘉善，生英俊。武科折冲，娶金氏。学生国建女，是为君考妣。君少跅跑不羁，往往酣饮淋漓，高视慷慨。

① 金春泽：《北轩集》卷二十，朝鲜刻本，第3~4页。

若将与燕赵之士，悲歌相和于屠市。人之有鄙吝机祚之行者，嫉之甚。私仇片言脱口，必践不渝。朋友有死丧疾病，赴救如不及。读书，见古人竭力供亲杀身殉君者，辍声凝思，泪汪汪承睫。常与诗朋林大用等，佩酒游霞洞。①

36. 李光庭（1674—1756）《讷隐先生文集》

李光庭，字天祥，号讷隐，朝鲜后期学者，1699 年进士及第，因遭父母和养父母之丧而放弃为官，之后便归隐山林，致力于讲学。李光庭创作了 21 篇寓言而编纂成《亡羊录》一书，其中有借燕赵说理之内容，选录如下。

夫人莫不贱近而贵远，贱实而贵名，贱目而贵耳。夫燕赵之人，不称燕赵之锦绮，而必称荆楚之丝枲。梁鲁之人，不称梁鲁之菽粟，而必称川蜀之蹲鸱，此贵远也。火浣之布，雾织之绡，天下之奇彩也。而蔽寒，不如缊袍。醍醐之酒，雕胡之饭，天下之异食也。而救饥，不如饘粥。然人之视之，不以缊袍饘粥，易彼之奇彩异食，此贵名也。拥燕赵之姝，拊云门之瑟。而倾耳于邻女之弹筝。剸梦泽之兕，斫松江之鲈，而心思乎村儿之炙螯。夫邻女之筝，非乐于云门之瑟也。村儿之螯，不圣于松江之鲈也，此贵耳也。②

① 李德寿：《西堂私载》卷五，朝鲜抄本，第 74～75 页。
② 李光庭：《讷隐先生文集》卷二十一，朝鲜刻本，第 2 页。

37. 赵泰亿（1675—1728）《谦斋集》

赵泰亿，字大年，号谦斋、胎禄斋，谥号文忠，朝鲜后期文臣，官至正一品左议政、右议政。其作《追寄昆仑崔评事孝伯（昌大）》六首，其三和其四涉及燕国文章与燕赵佳丽，两首诗分别如下。

青油从事气如虹，暂辍绫衾出禁中。
北上阴山天并峻，东临大海地仍穷。
龙门游历斯为壮，燕国文章想益工。
异日吾曹甘退舍，词坛旗鼓孰争雄。

——其三

北路繁华燕赵似，妖姬美女此中多。
戎装快马翩翩走，官烛清樽袅袅歌。
不有刚肠如冷铁，易教常操挠微涡。
从来伐性存深戒，况子清羸夙抱疴。[①]

——其四

38. 金夏九（1676—1762）《楸庵集》

金夏九，字鼎甫，号楸庵，朝鲜后期文臣。其幼时被称为“文章童子”，后任殿中御史等。他的挽诗《挽严德辅》二首用燕赵悲歌哀悼亡人，兹录如下。

---

① 赵泰亿:《谦斋集》卷二，朝鲜抄本，第21～22页。

怜君千里落东头，杜宇他山草阅留。
暑雨鸣鞭沧海路，秋风归艕锦江舟。
身依老鸮思乡泪，魂逐酸鸿度岭愁。
只有心神差可拟，几番诗札贮山楼。

曾题霜夜草虫鸣，燕赵悲歌起董生。
逝水春残温序泪，空山魂入子规声。
游吴棹远湖云暗，从蔡情多海月明。
一笑城西相送后，卷帘何处访君平。[①]

39. 李夏坤（1677—1724）《头陀草》

李夏坤，字载大，号澹轩、澹翁、小金山樵，朝鲜后期诗人、书画家。其文集《头陀草》载悼亡诗唱和两首，原韵诗中以燕赵意气形容亡者，次韵诗以“悲”字来呼应，乃燕赵形象入异域诗歌的另一种表现形式。洪世泰的原韵诗和李夏坤的《道长追悼昆仑作一诗寄示和韵答之》分别如下。

西林风雨夜萧萧，忽忆昆仑昔见招。
意气许同燕赵士，文章说到汉唐朝。
别来玉树先摧折，老去黄垆遂寂寥。
未试娲皇补天手，诸公今日各云霄。

——洪世泰之原韵诗

① 金夏九：《楸庵集》卷三，朝鲜刻本，第30页。

蝉声梧影共萧萧，崔子园中昔赴招。
事去风流还一梦，悲来诗句又今朝。
志随春草空埋没，文与秋天共泬寥。
莫怪老夫甘遁世，何能只手拄青霄。[①]

——《道长追悼昆仑作一诗寄示和韵答之》

40. 郑来侨（1681—1757）《浣岩集》

郑来侨，字润卿，号浣岩，朝鲜后期诗人、散文家。郑来侨虽出身贫贱，但诗文卓于常人，深受当时士大夫推崇。他于1705年以译官出使日本，在异国展现了诗文才华。郑来侨认为诗文源自“天机”，他在撰写《金泽甫（万最）墓志铭》时便描写了金万最蜕变的过程，其中以燕赵侠士形容金万最。相关内容节录如下。

金君泽甫，名万最，系出湖南之光州，家旧衣缨族，而后世沦微。其上祖与父业医，君少孤而贫，嗣为医学，而意不惬去之，遂结恶少年狗屠为事，得甘旨以养母，然君性疏放不羁，嗜酒使气，往往搏击人，至被伤者众，乡里患之。尝游屠中，人有讽之者曰：“子义士也，它日被逮，慎勿累我。”君即感悟泣涕谢其徒，折节读书，能日诵数千言，布衣韦带，雍容为处士之行。余年十八，遇君于三清精舍，身长八尺，美须髯，谈论衮衮，知其

① 李夏坤：《头陀草》卷十一，朝鲜刻本，第1页。

为贤豪间人也。君一见余欢甚，呼与为友，托以忘年之契。时君文词大进，已杰然有声，而世之人知与不知，未尝以文人目之，必曰侠士，盖其少日气习犹未尽除，而发于言议歌咏者，亦多有燕赵感慨之音也。君既浮游四十馀年，其穷益甚，环堵萧然，妻子饥寒，而见人有急，赴之惟恐后。与人交，不问清浊，意之所可，则虽贱污愈益敬，以是爱慕者甚众。①

41. 申维翰（1681—1752）《青泉先生续集》

申维翰，字周伯，号青泉，朝鲜后期文臣，于1719年以制述官出使日本，在当地与日本文士雨森东交流，写下《海游闻见杂录》，其中谈论日本轻生风俗之时，询问是否与燕赵侠气相同，雨森东认为轻生之俗与侠气不同。其相关内容如下。

余问雨森东曰："日本民俗自古轻生，怒必自刎其颈，自剖其腹，所以官无笞楚讯刑之法云，果然否？"东曰："好生恶死，人之情也，日本人奚独不然，但萨摩州民俗自别，遇事辄死，其有大罪者，自官不为囚系，语之曰，汝罪当死，归死于汝家云云，则其人应诺而去，至家自杀，少无差违。官亦信之不疑，大抵日本轻生之说，实为萨摩州而得名矣。"曰："然则此与燕赵间节侠同风，其中或有气节可尚者乎？"答曰："传所谓杀身成

① 郑来侨：《浣岩集》卷四，朝鲜刻本，第44～45页。

> 仁，舍生取义，君子之所难，而萨摩州则人人如此，岂有气节之可论？盖其土风奇怪云。”①

42. 韩元震（1682—1751）《南塘集》

韩元震，字德昭，号南塘，谥号文纯，朝鲜后期文臣、学者。韩元震精通理学，在律吕、天文、地理等方面造诣颇深，于1725年被任命为经筵官，深得朝鲜国王英祖宠信。他的《书筵说》讲论“燕赵相攻”，相关内容选录如下。

> 讲燕赵相攻章，元震曰：“兵家胜败，不专在于形势之强弱，而在于事理之曲直，盖理直则士卒感愤激励而咸致死力，理曲则士卒亦知其非而不致死力矣。以势则燕强而赵弱，以理则赵直而燕曲，故燕败而赵胜，此其胜败不专在于强弱而在于曲直矣。”②

43. 曹夏望（1682—1747）《西州集》

曹夏望，字雅仲，号西州，朝鲜后期文臣，曾任承文院副提调等官职。其在《与岭南伯荐金生克敬》中以燕赵意气谈论交友之道，全文如下。

> 义城士人金克敬，本乡吏子。李丈益著氏曾莅是县

① 申维翰：《青泉先生续集》卷七，朝鲜刻本，第29页。

② 韩元震：《南塘集》卷六，朝鲜刻本，第51页。

也，见其有良才美质，进之册室教之学，归时令与琴鹤而随其后。积岁门馆，待以鳌翁之锦南。盖其学尤长于诗，殊有解脱语，屡作发解首，而七五近体等作，更胜于程体，其得岭左右声，不啻季布之于梁楚也。本倅及宰邻近者，闻其名皆欲邀致，而常多辞谢不赴，于此又可得其人实，不独长于诗而已。家仲在义兴时，渠独乐从其游，及其疾病也，夙宵殚诚，无异骨肉，末乃儿死不瘗，挺身随柩，千里雪岭，与其弟共涕检护凡百，完葬乃归。然且其言曰："此不足以偿平昔知遇之感，若是气意，求诸燕赵悲歌之肆，恐不可多得也。夫扬举侧陋，奖励成就，实观风使事也。"幸趁春来，巡过闻韶时，借以一席地，与之酒而使进旧所为文字，更征新作。则庶验鄙言之不诬，而且于旌麾簿书之间，可作一场破颜清事，在于渠也，增千金于一顾。而其在令公，不过出一口气，可坐使七十州操觚之士，闻风而起，岂不美哉？[①]

44. 权　炳（1684—1772）《约斋先生文集》

权炳，字景晦，号约斋，朝鲜后期文臣、学者，在理学上造诣颇深，对心性与理气研究深入。其在《拟远游》中表达壮游九州之感怀，从燕赵讲到朱子晚年讲学的武夷，这是寻找"道"的过程。最后他指出道存心间，不必远游，这是心性论者的修养认识。全诗如下。

① 曹夏望：《西州集》卷七，朝鲜刻本，第 9 ~ 10 页。

少年志远游，一笻拟九州。
剑歌出燕赵，揖让过鲁邹。
不遇夫子徒，几作侠士俦。
崤函笑狂秦，丰镐问姬周。
大乱起指鹿，至治由戒夔。
赤壁千古胜，黄河万里流。
圣王何时作，英雄只古丘。
洞庭试扣枻，金陵且停辀。
王气久萧条，白云空悠悠。
日落伯王祠，风高仲宣楼。
长啸抚大刀，中原几回头。
九转武夷深，暮烟生沧洲。
楼岩何处是？慢峰尽日游。
弦歌者谁子？见我相劳休。
至宝不在外，何为道路求。
秩秩架上书，先师有大猷。
光阴岂我延，人生剧浮沤。
山外饶风雨，努力且回驱。
鸡黍食未既，翻然指东陬。
吾道固在是，不必劳远輈。
归来几案静，聊以抽绸缪。①

45. 黄宅厚（1687—1737）《华谷集》

黄宅厚，字子和，号华谷，朝鲜后期文臣，勤于读书，

① 权炳：《约斋先生文集》卷一，朝鲜刻本，第 19 ~ 20 页。

多有诗作存世。于1737年病逝在迎接清朝使臣的途中。他的《少年行》一诗借燕赵士表达了豪迈之情。

朝倾十斗暮千金，街柳园花浩荡心。
击剑送归燕赵士，月明来听秦娘琴。[①]

46. 权　万（1688—1749）《江左先生文集》

权万，字一甫，号江左，朝鲜后期文臣、书法家。权万推崇六经之简明文体，书法尤爱篆书。他的《和古诗十九》第十二首借燕赵姬表达些许无奈之情。其诗如下。

四运迭回薄，悬车淡将夕。
鸣虫在床下，我墐行可塞。
龙蛇知所蛰，结束为良德。
奈何燕赵姬，当户理清曲。
丈夫有远图，且为冲霄鹄。
谁能为双燕？衔泥巢人屋。[②]

47. 姜再恒（1689—1756）《立斋遗稿》

姜再恒，字久之，号立斋，朝鲜后期文臣。姜再恒七岁始读《十九史略》，后精通经史、地理、命理等。他在《刘

① 黄宅厚：《华谷集》卷一，朝鲜刻本，第12页。
② 权万：《江左先生文集》卷三，朝鲜刻本，第14页。

先主论上》中论述刘备成败，其中谈到刘备起事之初集合燕赵人士的重要性，相关内容选录如下。

论曰："刘先主以雄才大略，据荆蜀之地，辅之以孔明王佐之才，终不能规迹中原，湔雪国耻者何也？夫帝王之兴，必有驱除。夫以高祖之豁达大度，谋臣如云，猛将如雨。而因天下之心，西向而为万姓，请命于残暴之秦，云蒸龙变，事捷于鸣条之伐，犹且倚项氏之强，使之合齐魏燕赵之众，与秦人太半之势，相角于巨鹿之下，然后乃能闯武关之险，而成霸上之业矣。况曹操之雄强，非亡秦之比，先主之才略，又非高祖之伦，而以羁旅之馀，败亡之卒，猝与之相当，非计之得者也。"①

48. 吴光运（1689—1745）《药山漫稿》

吴光运，字永伯，号药山，谥号忠章，朝鲜后期文臣。他的《感遇十九首》其七以燕赵妓入诗，全诗如下。

枯桑易天风，浩浩阴阳徙。
燕雀日衰老，悲鸣入海水。
华堂玳瑁筵，作使燕赵妓。
忽焉已易主，后人复如此。
谅无金石固，矜咳一何恃。
生时竟体香，死后菝臭起。

① 姜再恒：《立斋遗稿》卷十四，朝鲜刻本，第24～25页。

高琴一以思，抚化情何已。

附热长如骛，嗤嗤者谁子？[①]

49. 赵显命（1690—1752）《归鹿集》

赵显命，字稚晦，号归鹿、鹿翁，谥号忠孝，朝鲜后期文臣，1749年以进贺谢恩使出使清朝，次年升正一品领议政。他在《鹭洲集序》中称赞李漷为人“慷慨悲爽”，诗歌有“燕赵悲歌之意”。[②] 他在《别黄阳甫（晸）之任安州》其二中借燕赵士之口嘱咐黄晸要胸怀魄力、招纳贤才。全诗如下。

练光自是风流地，只好安排红妓筵。

安得悲歌燕赵士？百祥楼上舞龙泉。[③]

50. 李器之（1690—1722）《一庵集》

李器之，字士安，号一庵，朝鲜后期学者，精通诗文，在《俪文选序》中论述俪文，评价苏东坡的俪文“淋漓激昂”，仿若燕赵悲歌，相关内容节录如下。

夫俪文，兆于魏晋，成于齐梁，袭于唐，盛于宋。而俪之中，又有变焉，子山之《哀江南》，赋而俪也，子安之《夫子碑》，俪而赋也，彼则《离骚》之变体，而并悬

① 吴光运：《药山漫稿》卷四，朝鲜刻本，第18页。
② 赵显命：《归鹿集》卷十八，朝鲜刻本，第7页。
③ 赵显命：《归鹿集》卷三，朝鲜刻本，第5页。

乎《离骚》，此则两都之变调，而方驾乎两都，其经纬之淹博，格律之宏丽，皆可凌厉万古矣。庐陵之委曲婉切，有古雍容君子之风。眉山之淋漓激昂，读之慨然，若与燕赵之士，击筑而悲歌。其他汪、真、刘、李、陆、吕、文、谢，各臻其妙，虽其变不一，要在因时而达辞，又安在其非古也？后之有天下国家者，诏策制诰，凡所以鼓号令风四方者，与夫青词檄书，章奏碑版，莫不用俪文，而时王之制，亦随而变，俪之为用，又曷可少哉？①

51. 李喆辅（1691—1775）《止庵遗稿》

李喆辅，字保叔，号止庵，朝鲜后期文臣，于1737年以奏请使书状官出使清朝，又于1747年以冬至副使出使清朝，途中作《燕都述怀次秋兴》八首，这是异域文士感兴燕赵的佳作，八首诗分别如下。

块坐深深只树林，庭槐无叶日萧森。
依依塞月频惊满，衮衮冬年又报阴。
恋楚谁怜钟子奏，斥秦空负鲁连心。
天寒异域衣难授，枕外愁听夜夜砧。

乘鹤桥西柳径斜，双溪小洞是金华。
十年才就山中屋，万里还随海外槎。
梦逐闲云寻佛谷，愁添明月听胡笳。

① 李器之：《一庵集》卷二，朝鲜刻本，第8页。

归期屈指嘉平节，好趁寒梅第一花。

秋冬冉冉怨流晖，原隰迢迢赋式微。
佛榻栖身浑似缚，辽云入望忽如飞。
参差译舌难为准，反覆胡情易见违。
试遣傍人看我貌，迩来消得几分肥。

久矣羁囚欲白头，天涯容易度三秋。
吟能日课初非癖，读或宵分只为愁。
郁郁樊笼身似鸟，悠悠湖海梦为鸿。
吾行早值嘉隆际，也好留连在帝州。

兴替悠悠一局棋，秋风抚剑不胜悲。
羞称礼义三韩使，泣诵升平万历时。
事楚徒缘邦力弱，观周苦恨我生迟。
涵濡二百馀年泽。试问中原父老思。

一抹无言万寿山，腥尘澒洞百年间。
巍巍皇极还胡座，穆穆端门本帝关。
燕赵人谁称意气，金缯客亦戴羞颜。
呼杯强涤轮囷臆，昨自鸿胪拜跪班。

长城易水抚前功，万事悲歌一路中。
礼乐谁寻华夏制，衣冠尽化女真风。
沧桑衮衮浮云白，陵阙依依落照红。
柴市伤心遗庙在，千秋正气独斯翁。

上苑依然辇路迤，五龙亭子俯清陂。
风霜凋尽王孙草，雨露沾馀杜宇枝。
煤阁旧踪灰易灭，戏台遗恨石难移。
春秋大义无人识，落日沉吟涕暗垂。[①]

52. 金致厚（1692—1742）《沙村集》

金致厚，字士重，号沙村，朝鲜后期文臣，曾任大司谏等官职。他曾因朝鲜内部党争而被发配，在《送李相公（宜显）赴燕》中有借“悲歌燕赵士”表达自己激厉抗扬之意。

春秋义理久沈昏，前辈常谈不复存。
正朔即今非大统，星轺此去拜谁恩？
新编果是光先物，名类争为动色言。
想有悲歌燕赵士，未应全似九泉论。[②]

53. 金信谦（1693—1738）《橧巢集》

金信谦，字尊甫，号橧巢，谥号文敬，朝鲜后期文臣。金信谦足迹遍布朝鲜半岛名山大川，撰写多部介绍各地历史、地理、风俗的纪行文，又以106位师友的事迹创作了长篇叙事诗《百六哀吟》。金信谦在《送黄子直赴燕序》中告诫黄

① 李喆辅：《止庵遗稿》卷一，朝鲜抄本，第52～53页。
② 金致厚：《沙村集》卷一，朝鲜刻本，第20页。

子直要与燕赵悲歌之士交流，这样才能真正了解世界的变化。相关内容摘录如下。

观天下之变而决之于未然，言不若事，事不若人，人不若俗尚，俗尚之变，莫著于文。夫文有衰世之文，有乱世之文、有治世之文。治世之文，昌而正。乱世之文，粗而劲。衰世之文，淡而靡。衰极则乱，乱极则治，固其理也。苟观乎此则天下之变，可从而知矣。然而东使之入燕者，类皆求于言，而言不可信则求于事，求于事而不得则已，其或知斯二者之不足以得其情，则必求燕赵悲歌之士。此卒不可遇，遇亦未必若庞葛崔徐之类，岂能明天下之变？①

54. 金瑞一（1694—1780）《战兢斋集》

金瑞一，字用万，号战兢斋，朝鲜后期学者，虽中进士，但未踏上仕途。金瑞一潜心钻研理学，手抄数百卷书籍。他在《裴同知深之诔辞》中以燕赵慷慨悲歌形容逝者的意气和情义。全文如下。

余尝见深山之木，耸然而直上者千尺，使匠石操斧而视，无不可以为栋梁者，卒老朽而无知也。余既悲之，于人得令公，公为人恢荡不苛，嵬崫有奇材，能展布于世，将无所不宜，而不一试其能，卒坎壈而没，世亦不

① 金信谦：《檜巢集》卷八，朝鲜刻本，第28～29页。

知其奇也。余抹摋于世无所知，犹喜从一乡贤士友游，独公与李存仲，披余以心，意气见于杯酒，情义孚于言笑，以为脱略世故，从燕赵间悲歌慷慨者游，不知其相上下也。不幸昨年存仲弃世，曾未一年，公又奄忽。顾此衰朽，独立人世，无与为友，不暇痛人之亡，而自悼其不幸也。吾与公世谊交分，不啻若异姓兄弟，而志相同，年相同，居相同，末终朝家优老之典，亦与之相同，可谓人世一奇事也。但各坐衰病，虽不得源源相从，意未尝不在巨鹿也。今其已矣，奈何奈何！闻公即远有期，而末由执绋，且值国哀，不敢为韵，略提数语以告诀，系之以辞曰：

魁然其姿兮，气宇磊落。
瑰乎其才兮，器量漻廓。
生之若有为兮，穷死一谷。
吁嗟已矣，自此桃源寂寞。[①]

55. 李德胄（1695—1751）《节亭文集》

李德胄，字直心，号节亭，朝鲜后期学者。李德胄因家道没落，一生清贫，但酷爱读书，重视礼制。他为从兄李瑞胄遗稿撰写序文《义湖遗稿序》以燕赵豪情形容从兄之节义。兹节录相关内容如下。

① 金瑞一：《战兢斋集》卷三，朝鲜刻本，第 11～12 页。

史曰："高渐离击筑，荆轲和而歌于市中，相乐也。已而相泣，傍若无人者，是歌也，并与其名而不传。"然窃考其为人若行事，及以《易水歌》观之，其声音旨意，有可以概见者，不特荆轲之歌，即高渐离之筑。若其他燕赵间豪杰，与荆轲、高渐离交游，悲歌相和，亦可以类推矣。今先生之诗，谓之别焉，则缘名求义，亦观诗之一法。先生之诗，犹有可得而言之者邪，虽然荆轲、高渐离其侠心英风，固已行于乡党而播于列国，及为燕太子死秦，其义声闻于天下，其在于人之耳目者审故然也，不然何知焉？况先生不为荆轲、高渐离者耶，故吾道其不可知者而序之，以俟后之君子察焉。[①]

56. 南有容（1698—1773）《雷渊集》

南有容，字德哉，号雷渊、小华，谥号文清，朝鲜后期文臣。其诗文出众，书法造诣颇深，曾在世子侍讲院任职，后官至正二品刑曹判书、正宪大夫。南有容有乐府《北风行》一首，其中以燕赵为背景表现了其晚年志向。

塞地恒多风，塞天晴日少。
寒声尽渤碣，朔气横燕赵。
辽河以北飞尘黑，长城一边遗孤照。
怒飙轰如代马突，回飚蹙若胡儿啸。
关西老将闻起立，号令诸军戒夜哨。[②]

① 李德胄：《苄亭文集》卷二，朝鲜刻本，第42～43页。
② 南有容：《雷渊集》卷八，朝鲜刻本，第21页。

57. 李天辅（1698—1761）《晋庵集》

李天辅，字宜叔，号晋庵，谥号文简，朝鲜后期文臣，官至正一品右议政、领议政。金阳泽（1712—1777）在李天辅文集跋文中评价其人说道："性卓荦，好奇节，言议亢爽，发之文辞，其声呜呜然出于金石，类多燕赵不平之音。"[①] 可见，在旁人看来，李天辅与燕赵之士有诸多相似之处。

不仅如此，李天辅在评价他人之时也以燕赵之士为标准。其《浣岩稿序》便是这样评价郑来侨的为人和诗作的。兹选录如下。

> 夫诗者，天机也。天机之寓于人，未尝择其地，而淡于物累者能得之，委巷之士惟其穷而贱焉。故世所谓功名荣利，无所挠其外而汩其中，易乎全其天，而于所业嗜而且专，其势然也。近世诗人如沧浪洪道长即其人，而继道长，又有浣岩郑润卿者，名来侨，当世之学士大夫与之交狎，不名而字之，或致之家，训其子弟。其为人清修如瘫鹤，望其眉宇，可知为诗人。而甚贫窭，家徒四壁，诗社诸君有佳酿则必邀之。润卿痛饮尽其量，淋漓酣畅，然后始出韵，高踞先唱。其为诗也疏宕演漾，得诗人之态度，而往往声调慷慨，有若与燕赵击筑之士，上下而驰逐。盖其渊源所自，出于道长，而其得之天机者多。其胸中苟有所诱于外物而不嗜不专，则其成就能如是乎。[②]

① 金阳泽：《晋庵集》跋，朝鲜刻本，第1页。

② 李天辅：《晋庵集》卷六，朝鲜刻本，第27页。

58. 元景夏（1698—1761）《苍霞集》

元景夏，字原州，号苍霞、肥窝，朝鲜后期文臣，主张不拘一格降人才，在受到弹劾时写下《郑熙普丑诬后陈辨疏》，其中以“燕赵节侠”进行反思和辨诬。相关内容如下。

> 福过灾生，臣尝夙夜兢兢，若夫铨录吏议等说，过去插入，没有把捉，言之者不白，当之者难辨。噫！濡足褰裳，躁竞名宦，即臣所耻。而不自意反浼臣身，只愧无燕赵节侠之风，不能刎首而明此心也。[①]

① 元景夏：《苍霞集》卷三，朝鲜刻本，第32页。

四　十八世纪燕赵纪事辑考

1. 李匡师（1705—1777）《圆峤集》

李匡师，字道甫，号圆峤、寿北，朝鲜后期书画家，曾学习阳明学，其独创的"圆峤体"对后世书法有较大的影响。他的《五音正序》论述五音之源流，其中涉及燕赵无入声等内容。选录如下。

> 人之声音，生于中而发于喉舌齿唇牙，是为五音。而自然合于五行，此文字之所由生。而为诗为歌，协于律以成乐，所以和神人而通政教者也。古之以书同文，为王天下之三重者以此，有国之当务，鲜有进于是者。然我东，言与文异，文之音，只当学之中国。中国亦古乐之不传已久，五方之声音不同，各是其学，棼如聚讼，莫可适从。而北方则自燕赵来，本无入声，是边鄙之陋，失正音之尤甚者。四百年来，因为帝都，为天下所宗，故中国之学者，亦多主其音，所纂《中原雅音》之类，乖戾极矣。①

① 李匡师：《圆峤集》卷八，朝鲜抄本，第12页。

2. 宋文钦（1710—1752）《闲静堂集》

宋文钦，字士行，号闲静堂，朝鲜后期文臣、书法家，善于作诗。在担任侍直期间与朝鲜世子讲论历史。他的《书筵讲义》记载了君臣谈论田弘正反叛等事，相关内容节录如下。

> 初四日召对，讲杜牧罪言。世子曰："魏博但曰魏者何也？魏博，田弘正岂复叛耶？"春坊曰："魏即魏博也，弘正未尝叛矣。"臣曰："牧以古国名指今地，故以魏博为魏，以成德为赵，以幽州为燕，弘正尝移镇成德，魏博则授他人而复叛，臣不能详记矣。中策莫如取魏者，唐都关中，自关中通河朔，魏为咽喉，故不得魏而取燕赵，则虽得而不能守，先取魏而得燕赵，则势顺形便得而能守，故牧之言如此。"世子曰："唐都何地？"臣曰："唐都长安，秦都咸阳，皆关中，皆与苏秦所谓韩魏中国之处而天下之枢，一语同意矣。"世子曰："唯。"春坊曰："府兵与今之兵制同矣。"臣曰："与今之御营禁卫军似同而实异。其平时耕稼轮番上京则同，府兵则皆有都尉上番之外，都尉与守令，同为管束教训组练，皆为可用之精兵，禁卫御营，则三四年一次上番，二朔之内，仅经数度习操。在乡则不为守令之所管，漫不知行伍之为何事，卒不服习而郡县无兵，此为大不同矣。"①

① 宋文钦：《闲静堂集》卷五，朝鲜刻本，第29页。

3. 李麟祥（1710—1760）《凌壶集》

李麟祥，字元灵，号凌壶观，朝鲜后期文臣、画家，在担任地方官时，因不满政局腐败，毅然弃官。他在绘画领域成就斐然，留有《雪松图》《松下观瀑图》等名作。李麟祥的艺术灵感来源于山水，他在《桴亭记（辛未）》中表达了无法游览中华胜景的遗憾，从而观本国之景，想象异域之景。他在文中想象了登乌山瞭望燕赵的情形，相关内容节录如下。

> 余尝筑小楼于潭之南岸而居之，众峰如云，芬氲夹水，涛濑中动，翕汪滀泄，阴晴改观，无有定象。概而观之，绝高而离尘，出云为多，遂取陶隐居诗，标楼曰多白云。楼固朴斫而矮陋，过者笑之，而余犹自娱焉。念余不及睹中华盛时，不能游遍四海，不得交天下士，寡学无术，不可以善世长民，而乃以荒山一小楼为依归之所，用心固小矣。余尝南登智异，东入金刚，登太白临大瀛之水，放观于没云海云之台，登乌山望燕赵之风烟，而到老濩落，竟无所托情，日远都门而其心益悲，不有云楼则竟无以解其悲者。①

4. 崔天翼（1710—1779）《农叟集》

崔天翼，字晋叔，号农叟，朝鲜后期诗人，自幼聪慧，人称神童，但未入仕途，多与当代名士交游。他的《次李义

① 李麟祥：《凌壶集》卷三，朝鲜刻本，第40～41页。

仲韵》其五和《次苏斋韵》其三将燕赵歌和燕赵气入诗，两诗分别如下。

无由缩地欲如何，沧海愁云压晚波。
怜我弊庐嘉客少，羡君清案好书多。
青朱墨比琅玕赠，琴剑诗看燕赵歌。
白首可堪离思苦，书中字字泪痕和。[①]

——《次李义仲韵》其五

人世沧桑几变更，晚天风日互阴晴。
萧萧鬓发三分白，淡淡生涯一味清。
击剑时为燕赵气，挥毫不必汉唐声。
漆园齐物还多事，聊且从心送此生。[②]

——《次苏斋韵》其三

5. 申景濬（1712—1781）《旅庵遗稿》

申景濬，字舜民，号旅庵，朝鲜后期文臣、学者，在文字学和声韵学上造诣深厚，撰有《五声韵解》《日本证韵》《谚书音解》等。他的《平仄韵互举要叙》论及五方声气，指出“燕赵重浊”，相关内容节录如下。

五方之人，声气不同，吴楚轻浮，燕赵重浊，秦陇

① 崔天翼：《农叟集》上卷，朝鲜刻本，第11页。
② 崔天翼：《农叟集》上卷，朝鲜刻本，第16页。

去声多入，梁益平声多去，我国上声不明，或似平或似去。五方之人，或有各从其平仄，而一经作者之手，则为韵书者，因以一字俱载两韵，且韵书之杂猝误解者多，如寠窭毋母本二字而合为一字，谓之平仄互入，唏欷叹叹本一字而分为二字，以口欠定平仄之类也。[①]

6. 申光洙（1712—1775）《石北集》

申光洙，字圣渊，号石北、五岳山人，朝鲜后期文臣，善作诗，所作《登岳阳楼叹关山戎马》一诗曾被广泛传唱。此外，他还关注现实，笔下多揭露时弊的内容。申光洙的《别孙仁夫归北青》其一和《城上观妓走马》其一运用了燕赵意象，两诗分别如下。

灯下悲歌风雨来，北青归处望乡台。
寸心燕赵多奇士，不待斜阳恨已催。[②]

——《别孙仁夫归北青》其一

男装走马济州娘，燕赵风流满教坊。
一举金鞭沧海上，三回春草石城傍。
争看橘柚家家巷，独步骅骝处处场。
教着蛾眉北方去，千金早嫁羽林郎。[③]

——《城上观妓走马》其一

① 申景濬：《旅庵遗稿》卷五，朝鲜刻本，第 5 页。
② 申光洙：《石北集》卷一，朝鲜刻本，第 50 页。
③ 申光洙：《石北集》卷七，朝鲜刻本，第 10～11 页。

7. 权 攇（1713—1770）《震溟集》

权攇，字仲约，号震溟，朝鲜后期文臣。他在《朴锡祚传》中以燕赵慷慨称赞朴锡祚，其文曰："司果朴锡祚以前队从功最多，君少劲悍好侠，不事饮博，慕燕赵少年慷慨不爱其身者，以气自豪，亦不能小诎，人乐与之游而忌其才。"[①] 权攇有《惜别行，赠李十七（子安）》一诗，其中谈及燕赵儿女多侠士，全诗如下。

李君磊落如犇骥，八尺龙身不受辔。
平生好游酒人乎，礼法岂为汝辈地。
公车再上不得志，尺鞭屈趋青州府。
向来青城大司马，开口说子郭再祐。
四海遨游无知己，两鬓萧萧白日暮。
腰间起插双匕首，龙虎高秋听怒吼。
上马揖客下马饮，女死悦己士死友。
青州节度雄豪伯，白岳金星倚秋碧。
麾下尽稽吴楚士，幕下多留燕赵客。
燕人赵儿多侠徒，说剑谈兵争然诺。
我公突兀处其间，始觉余子徒龌龊。
亚夫倾倒剧孟车，信陵推虚侯嬴席。
南方一十二诸侯，望子贤豪劳颜色。
风云合沓藏虎符，旌旗磨荡星错落。
节度倚醉掀高须，得君意气天为廓。

① 权攇：《震溟集》卷九，朝鲜刻本，第11页。

上党无云锦水清，乌岭落日莱海白。
大藩自此得心膂，九重无复忧疆埸。
饮酒慷慨北上篇，醉里寒云生碣石。
城头八月为设祖，北风吹断枯柳树。
胡笳羌笛琵琶曲，匹马送归青门路。
穷途惜别岂得已，百年感激生回顾。
天寒赠君青羔裘，握手无语肝胆露。
轻身报恩从此始，不须苦歌丁都护。①

8. 李最中（1715—1784）《韦庵集》

李最中，字仁夫，号韦庵，谥号文贞，朝鲜后期文臣。他的《又次荷堂韵》其一将燕赵入诗，全诗如下。

剑气逢霜夜，时蟠斗牛墟。
万事阳秋晦，悲歌燕赵馀。
出门山雪盛，落日野舟虚。
此意无人识，嗲嗲抱古书。②

9. 安锡儆（1718—1774）《雪桥集》

安锡儆，字淑华，号雪桥、完阳，朝鲜后期学者，三次参加科举考试均落榜，遂以处士自居，归隐雪桥研磨学问。

① 权擿：《震溟集》卷三，朝鲜刻本，第28~29页。
② 李最中：《韦庵集》卷一，朝鲜刻本，第18页。

他的《海州控海堂》其二以咏史说理，诗中回顾了燕赵的烽火岁月。全诗如下。

> 鼓角悲鸣云海中，满城烟火一楼雄。
> 浮岚碧巘千重远，落日惊涛万里空。
> 遥隔腥膻燕赵雨，近通文雅兖徐风。
> 为邦要在崇儒道，不必区区独事戎。①

10. 李献庆（1719—1791）《艮翁集》

李献庆，字梦瑞，号艮翁，朝鲜后期文臣、学者，才气磅礴，为朝鲜英祖时期四大文章家之一。李献庆有《马骑士事后题》一文，讲述了与友人申圣渊谈论马骑士的经过。李献庆有感于马骑士的风度气质，以燕赵慷慨评价了马骑士。相关内容选录如下。

> 今年春，友人申君圣渊自湖西来京师，相对才数语，遽出其所自叙其弟文，初逆旅遇马骑士问答首尾者示余，色欣然若有所得。余受而读之既毕，易容蹴踖，顾谓申君曰："吾几不免诬当世矣。"观马骑士自说，平生所为，喜击剑，能诗酒，自放山泽间，歌吟沉醉，慷慨磊落，真奇节士也。其所与友有善草书者，能弃家相随，挥翰洒落于涛渤岩穴之间，又有善歌诗者，董生相从，唱和为乐，董生又尝自鬻为译舌之奴，往观燕赵悲歌遗俗，以壮其怀抱，其事伟，其迹奇，夫岂世俗之士所易测度

① 安锡儆：《雪桥集》卷一，朝鲜刻本，第35页。

也哉？使吾得友马骑士者，其友二人固亦吾友也，其视欧阳公之所得，将有加焉，岂可谓斯世无其人也？[①]

11. 丁范祖（1723—1801）《海左先生文集》

丁范祖，字法世，号海左，谥号文宪，朝鲜后期文臣，曾受朝鲜国王之命作《建功歌》《百韵古诗》，因此名声大振。他的《客从山中来》极具想象力，诗中“歌舞选燕赵”表明燕赵妹的形象与地位已经深深刻在朝鲜士人心中。全诗如下。

客从山中来，驱车入洛阳。
洛阳何郁郁，甲第罗金张。
碧玉为君柱，黄金为君堂。
苍头三百人，列戟朱门傍。
大子尚书郎，跃马朝建章。
小女侍至尊，宠爱倾嫔嫱。
葬用东园器，赏赐内府藏。
神鬼为驱使，气焰谁敢当。
后庭何窈窕，华灯上煌煌。
歌舞选燕赵，列坐花艳娼。
遭遇圣明世，齐言乐未央。
野火因风起，延烧陌上杨。
杨根岂不深？野火烧之僵。[②]

① 李献庆：《艮翁集》卷二十三，朝鲜刻本，第18~19页。
② 丁范祖：《海左先生文集》卷一，朝鲜刻本，第22页。

12. 洪良浩（1724—1802）《耳溪集》

洪良浩，字汉师，号耳溪，谥号文献，朝鲜后期文臣、学者，学识渊博，文章出众，曾参与《英祖实录》《国朝宝鉴》《同文汇考》等编纂。洪良浩于1782年和1794年分别以冬至副使和冬至兼谢恩使出使清朝，其间与纪晓岚、戴衢亨等交游密切，回国后推动了朝鲜考据学的发展。

洪良浩在第二次出使清朝时，作《记辽蓟女俗》一诗来记录燕赵地区的女性风俗。全诗如下。

> 燕赵佳人自古闻，幽并儿女早成婚。
> 花簪髻笄时窥客，丝履手缝不出村。
> 敢拟梁妻高举案，犹惭夔妇健持门。
> 镜中不省春容改，脂粉纵横坐抱孙。[①]

13. 金钟秀（1728—1799）《晚洲遗集》

金钟秀，字定夫，号真率、梦梧，谥号文忠诚，朝鲜后期文臣，官至正一品左议政、右议政。其在《晚洲遗集序》中称读洪锡箕的文章如过燕赵之市，如与燕赵之士唱和。相关内容摘录如下。

> 钟秀少也，则闻晚洲洪公文章士，及读《尤翁遗集》，至答洪元九书，有云文字气涌如山，当十袭藏之。待天日

① 洪良浩：《耳溪集》卷七，朝鲜刻本，第34页。

重明，夸示中朝将相，则未赏不悲公之志，壮公之气，但以未得其所谓文字者，痛饮酒快读为恨。一日公之玄孙天瑞，抱公遗稿来万丈峰下，问序于钟秀曰："将有刻也。"钟秀于是始得公拟告天下檄，拟吴将军露布而读之，始知公之天性忠义，直可与日星争光也。噫！公之为文章，才富而力健，波澜浩漾滂沛，若不可涯涘。而一出于肝肺，绝无藻绘斧凿痕，故其为露檄也亦然，三复倡叹，不觉泣下，恍若过燕赵之市，与荆卿、渐离悲歌击筑以相和。①

14. 赵述道（1729—1803）《晚谷先生文集》

赵述道，字圣绍，号晚谷，朝鲜后期学者，专攻朱子学，亦涉猎老庄和西学，主张经世致用，曾作《劝农策》等。他的《奉贶燕京使行（代人作）》写尽时过境迁的悲凉。全诗如下。

天地唐虞在，衣冠燕赵悲。
凭君万里役，更起百年思。②

赵述道笔下的燕赵不仅表达着悲凉之情，也体现了友人的气质。他在《声川申公行录》中便以燕赵士击铗来形容申贤醉后的状态。相关内容节录如下。

遂于傍近隙地，构一小屋，扁曰新亭，以寓志士忧

① 金钟秀：《晚洲遗集》序，朝鲜刻本，第1～3页。
② 赵述道：《晚谷先生文集》卷一，朝鲜刻本，第35页。

社流涕之义，而萧然独居，日课书史，往往醉后声音悲壮，气像豪宕。其发之于言句之间者，有燕赵士击铗悲歌之意，其曰："不才无武嗟何及？起舞中宵感慨长。"又曰："几个英雄空老大，一般今古恨难休。"长咏短叹，以见其志，而傍人殊不知此翁何为也。①

15. 洪乐仁（1729—1777）《安窝遗稿》

洪乐仁，字大囿，号安窝，朝鲜后期文臣，官至吏曹判书。其诗文中多用燕赵意象，长篇诗歌《次叔道与如临联句四十韵》将燕赵悲慨有机地融入思绪之中。其诗如下。

胸中盘磈磊，浇酒讵能删。
增益缘穷厄，浮嚣任诮讪。
漆忧徒自恼，袁涕为谁潸。
世事多迷局，身名欲歇关。
慵难心府管，衰易目官瘝。
藿食犹能果，蓑衣不害擐。
潭龙神或跃，檐鹊语何喧。
衣影云初变，弓形月已弯。
偾车千古辙，危浪几回湾。
学似磨驴踏，身疑化鹤还。
荣枯观阅劫，成毁悟循环。
鸡陌朱驰毂，蚕峰翠献鬟。

① 赵述道：《晚谷先生文集》卷十五，朝鲜刻本，第35~36页。

行将归畎亩，聊复寄尘寰。
忧或能成玉，愆无可赎锾。
爱鸥盟已歃，憎蝮罪堪锾。
论契存琴匣，防身抚剑镮。
薰莸元异臭，鹏鷃肯同班。
畸迹甘三黜，恩纶感几颁。
风波魂几悸，霜雪鬓双斑。
悲慨多燕赵，纷争任触蛮。
石瘫应素质，松老自苍颜。
聃道方知止，洵文谩辨奸。
尘根思翦棘，交谊耻遗菅。
颓俗终难挽，前修迥莫攀。
箕规标正直，夷躅起贪顽。
有计寻初服，无钱买好山。
果忘何必篑，大隐不嫌阛。
默见存皮里，焦灾笑乳间。
任真居是易，畏影步逾艰。
旧习传挥麈，春游近秉蕑。
鸟高能避缴，骥老岂逾闲。
研椠留缘素，桑榆爱景闲。
芬华人易醉，辞令孰为娴。
晦迹应无嫉，清心讵患痫。
只怜堂处燕，多感笼开鹇。
巨屋神明瞰，灵区造物悭。
岸荄行看嫩，檐溜卧听潺。
少壮常图远，摧颓自笑孱。

浮荣征塞马，芳饵叹河鳏。
息补吾犹勉，其如发已髗。[①]

洪乐仁为悼念李义仲，撰《祭李义仲文》，其中对“人如燕赵”做了详尽解释。相关内容节录如下。

呜呼！义仲，人之知义仲者，必曰文如唐宋，人如燕赵，以是而知义仲，其真知义仲乎？义仲之文，吾亦云如唐宋，义仲之人，吾亦云如燕赵，则吾之知义仲，亦与人同耳。然义仲文如唐宋而处之若愚，人如燕赵而持之若怯，周旋于贵贱清浊之间，而无毁无誉无是无非，得道家入世出世之法者，此吾所以知义仲而其亦异乎人之知之欤。[②]

不仅如此，洪乐仁还作挽诗《挽李义仲》十首，其五中以“燕赵之悲”表达哀伤之情。全诗如下。

读书声似唱歌声，间杂淫淫涕泗横。
燕赵之悲兼楚怨，其中或有不平情。[③]

16. 李种徽（1731—1797）《修山集》

李种徽，字德叔，号修山，朝鲜后期文臣、学者。在独

① 洪乐仁：《安窝遗稿》卷三，朝鲜刻本，第6~7页。
② 洪乐仁：《安窝遗稿》卷五，朝鲜刻本，第35~36页。
③ 洪乐仁：《安窝遗稿》卷三，朝鲜刻本，第23页。

尊朱子学的朝鲜，阳明学等其他学说深受排挤，李种徽主张客观评价各家学说，实践考证之学，这在当时无疑是具有进步意义的。他在《秦汉文粹序》中列举了表达各种感情的中华景观，其中在表达“悲吊感慨”方面，李种徽推崇“燕赵之肆”和“狗屠击筑”。相关内容选摘如下。

> 东人为文，多局于山川风土人物，以其登眺则无华之秀、岱之圆、天台之巉、峨嵋之削、罗浮大孤之飞舞轩翥，以其溯游则无河之广、江之永、剡溪之幽、洞庭之漭、五湖七泽之浑涵畜奫。其怀贤仰德也，无阙里之堂、西河稷下之墟、濂洛关闽讲肄之塾。其怀忠想烈也，无屈原之渊、伍胥之涛、曹娥之波、思妇之石、董永黄童之里。其悲吊感慨也，无祈年橐泉、汉家陵阙、六朝荒墟、觚棱迷楼、隋堤之柳、钱塘之荷，刘郎项羽之战场、诸葛之阵图、周瑜之赤壁、燕赵之肆、狗屠击筑、深井榆次之乡。①

17. 洪大容（1731—1783）《湛轩书》

洪大容，字德保，号湛轩，朝鲜后期文臣、学者。他是“北学派”的代表人物，强调实学。其于1765年出使清朝，他的此次出使影响了一大批朝鲜文士。洪大容对历史、天文、地理、数学、兵法、音乐等有较深的研究，大量论著收录在《湛轩书》中。他的《石居小记》论及“燕赵遗风”，

① 李种徽：《修山集》卷二，朝鲜刻本，第16～17页。

兹录如下。

士大夫不遇于时则隐而已，今朗卿举进士不中，居万石之中，自号为石居，岂不遇于时而有志于隐者欤？舜之居深山，与木石居，当尧之时，野无遗贤，以舜之圣，安于侧陋如此，况于叔世乎？而况于众人乎？朗卿之石居，得其所哉。朗卿海西人豪，慕古之节侠，有燕赵遗风，余奇其气而时与游，无几而今将西归，将怀我好音。古人有言身将隐，焉用文，朗卿既居于石矣。又求言于人，不几文其隐者耶？居隐有道，俭其德则已矣，俭德有道，人不知则已矣。俭其德矣，人不知矣，通邑大都，皆可隐也，又奚取于石哉。此石居子之所当知也，是为记。①

18. 成大中（1732—1809）《青城集》

成大中，字士执，号青城，朝鲜后期文臣，与当时实学派代表人物交游密切，在象数学方面造诣颇深，曾于1763年以随行员身份出使日本。他的《次玉流子李汝亮（明渊）剑舞诗，咏黄昌舞》一诗以燕赵风形容宴会的豪爽之气，全诗如下。

鸡林童子姓名香，乐府犹传假面妆。
始至绰约如欲笑，少焉跳荡不胜狂。
初疑彩云泛绣茵，却惊飞燕掠雕梁。

① 洪大容：《湛轩书》卷三，朝鲜刻本，第28页。

转眄浑失云燕状，但见花球滚华堂。
猩红战笠杏子衫，半腰才辨绿衣娘。
冷眼斜睨遽逼人，尖袖轻揎忽闪铓。
满堂阴森杯酒寒，壮夫当之摄魂忙。
席间倒洒燕赵风，空边横掠斗牛芒。
百济山河一投手，半月楼台尚荡光。
翻身掷剑却踌躇，绣袜犹沾满地霜。
惜渠生不壬丙际，悍酋宁劳一剑当。
徒能技冠女乐部，只许娇舞蹑苍茫。
青城老子别悄然，蛮海归来廿年凉。[①]

19. 朴趾源（1737—1805）《燕岩集》

朴趾源，字仲美，号燕岩，朝鲜后期文臣、学者、小说家，北学派代表人物。其创作的汉文小说《两班传》等对社会的不公进行了揭露。在思想上，他主张“利用厚生”，积极推行科学技术，并主张对不合理制度进行改革。

朴趾源于1780年随族兄朴明源出使北京，并撰写了《热河日记》。他多与燕赵地区文士交流，以下《盛京杂识》选录内容包含对当时“燕赵多悲歌之士”的讨论。

田生起身取下壁间琵琶，为弄数操，余曰：“古称燕赵多悲歌之士，诸公必能善歌，愿闻一阕。”裴生曰：“无善唱者。”李生曰：“古云燕赵悲歌，乃偏伯之国，

① 成大中：《青城集》卷三，朝鲜刻本，第3～4页。

士不得志。今四海一家，圣天子在上，四民乐业，贤者羽仪明廷，赓载是歌，愚者烟月康衢，耕凿是歌，都无不平安有悲歌?”余曰：“圣天子在上，可以出而仕矣，诸公皆当世之英杰，才全学优，何不出身需世，而碌碌浮沉于市井之间?”裴生曰：“此事独有田公当之。”一座皆大笑，李生曰：“还有时命不可强干。”李生抽架上《选文》一卷，请余一读，余读《后出师表》，不为谚吐(句读也)。高声一读，诸人环坐听之，莫不击节称好。李生俟余读毕，拈读庾亮辞中书监表，乍高乍低，音节分明，虽未能逐字晓听，亦足以知其读到某句，声韵清亮，如听丝竹。时月落夜深，户外人迹不绝。①

朴趾源使行期间注意观察中国的农业技术，其《农器》一文记述了燕赵地区使用的耧车、瓠种、耧锄，可谓十分珍贵的域外资料，兹分别节录如下。

耧车，下种器也，《通俗文》曰：“覆种曰耧，一云耧犁，其金似镵而小。”《魏志略》曰：“皇甫隆为敦煌太守，民不知耕，隆乃教民作耧犁，省力过牛，得谷加五。”《崔寔论》曰：“汉武帝以赵过为搜粟都尉，教民耕殖，其法三犁共一牛，一人将之，下种挽耧，皆取备焉，日种三顷，今三辅犹赖其利。”自注云：“按三犁共一牛，若今三脚耧矣，然则耧之制不一，有独脚两脚三脚之异。”若今燕赵齐鲁之间，多有两脚耧，关以西，有

① 朴趾源：《燕岩集》卷十一，朝鲜刻本，第42页。

四脚耧，但添一牛功，又连地夫耧，中土皆用之，他方或未经见，恐难成造。其制两柄上弯，高可三尺，两足中虚阔合，一陇横桄四匝，中置耧斗，其所盛谷粒，各下通足窍，仍旁挟两辕，可容一牛，用一人牵旁，一人执耧，且行且播，种乃自下，此耧种之体用。今特图录，近有创制下粪耧，种于耧斗，后另置筵，过细粪或拌蚕沙耧时，随种而下，覆于种上，又巧便也。今又名曰种莳，曰耩子，曰耧犁，皆习俗所呼，不同用则一也。臣趾源曰："耧车之制，虽出于后世，而莳种之省力便好，胜于瓠种，尤当教民用之也。我国全昧种法，耕时以三犁为一畦，或以五犁为一畦，即将种子掬而撒之。是故，或稠或疏，未能均铺，苗生散乱，锄之亦难。杜诗所云"禾生陇亩无东西"者，正谓此也。今见耧制，上有斗，下通于脚，脚有细孔，驾牛挽行于亩上，则种子自斗散下脚孔，故苗生行行如弦。无小斜曲，且两畛之间，亦无广狭，齐整甚均，锄之耨之，从又不难矣。但其制样，非愚民所可创造，即令匠手，先制一车，以布农家，恐合其宜。"①

瓠种，窍瓠贮种，量可斗许，乃穿瓠两头，以木箪贯之后，用手执为柄，前用作嘴（瓠嘴中草莛通之，以下其种）泻种于耕垄畔。（恐太深则致田种于垄畔）随耕随泻，务使均匀，又犁随掩过，遂成沟垄，覆土既深。虽暴雨不至槌挞，暑夏最为能（与耐同）旱，且便于撮

① 朴趾源：《燕岩集》卷十六，朝鲜刻本，第49～50页。

锄，苗亦卷茂。燕赵及辽以东，多有之。《齐民要术》曰："两耧重耩，窍瓠下之，以批契维腰曳之。"此旧术，以今较之，顿拙于用，故从今法寡力之家，比耕耙耧砘易为功也。臣趾源曰："瓠种，我国黄海道，或有之，而系绳瓠口，行如振铎，又未如此法之备也。"①

耧锄，《种莳直说》云："此器出自海壖，号曰耧锄。耧制颇同，独无耧斗，但用耰锄，铁柄中穿耩之，横桄下仰，锄刃形如杏叶。撮苗后，用一驴，带笼嘴挽之，初用一人牵，惯熟不用人，止一人轻扶，入土二三寸，其深痛过锄力三倍，所办之田，日不啻二十亩。今燕赵间用之，名曰劐子。劐子之制，又小异于此。"劐子第一遍，即成沟子，谷根未成，不耐旱。耧锄刃在土中，故不成沟子。第二遍加搬土木雁翅，方成沟子。其土分拥谷根搬土（用木厚三寸阔三寸长八寸，取成三角样，前为尖，中作一窍，长一寸，阔半寸，穿于铁锄柄上，压锄柄上)。《韩氏直说》云："如耧锄过苗间，有小豁不到处，用锄理拨一遍，即为全功也。"臣趾源曰："耧锄，省力胜于锄器。而中国亦罕用，遽未可废锄而全用此器也。但于麦田种粟，以此作甽，似有显效矣。"②

20. 李东汲（1738—1811）《晚觉斋先生文集》

李东汲，字进如，号晚觉斋，朝鲜后期文人，为人坦诚，

① 朴趾源：《燕岩集》卷十六，朝鲜刻本，第50页。
② 朴趾源：《燕岩集》卷十六，朝鲜刻本，第54页。

在朱子学方面造诣深厚，撰有《朱子门类》等。他在《赠别申墨痴》中写到“燕赵气”和“邹鲁心”，是理学家的修养认识，全诗如下。

隔江三十里，不见再经春。
眉发依前好，工夫刮目新。
气收燕赵荡，心返鲁邹真。
磁铁元相感，斯文幸有邻。①

此外，在《墨痴诗卷序》中，李东汲还借燕赵悲歌评申景晦其人其诗，指出人的性格与诗的风格有所不同，其内容如下。

吾友墨痴窝申君景晦为人慷慨多志气，重信义惜然诺，性喜酒，酒后辄放言快论，傍若无人者。余尝以燕赵悲歌之士许之，今观景晦诗卷，其平淡闲靓者有陶谢风味，典雅韫藉者有濂洛意思。其他述怀之作漫兴之篇，或疏野清旷，或婉嬺纤丽，轨度风致，大不类于景晦本色何也。嗟呼！此其所以为景晦也欤。景晦生于邹鲁之乡，长于诗礼之家。有冲和真醇之姿，而其才调学识，有足以需用当世，顾乃老不得志，甘于穷约，作一乡曲间老学究。则其诗之发于性情者，自有所不得不然者。而其所悲歌慷慨放言而快论者，殆所谓昏冥之托麹蘖之逃，而不遇不平之气，有以激之也。穷者固能于诗，而人穷反本者非耶。余与景晦游二十馀年，出处语默，悲

① 李东汲：《晚觉斋先生文集》卷一，朝鲜刻本，第28页。

欢得丧，未尝不与景晦同，今皆老白首矣，深有感于景晦，故论景晦之终始者如此。而于景晦之诗，不甚有所赞述，然平淡闲靓典雅韫藉者，诗家之法则备矣。尚论君子，必有所处于景晦者，余何言哉？[①]

21. 李东埴（1738—1803）《南涧集选》

李东埴，朝鲜后期文臣。其在《南涧集选跋》中用燕赵悲歌评价义兵长罗海凤（1584—1638），相关内容选录如下。

观其师友渊源，已足以迹公平生，而其往往发乎诗者，益可见公之卓荦奇杰，拔萃离群。古者燕赵悲歌之士，或近之乎否耶？早游太学，首扶善类。似郭有道，奋义抗疏。请斩虏使，如胡澹庵。手抄秘诀，演成阵图，仿佛乎诸葛武侯。退栖山中十年，读兵慷慨，若陆放翁。传檄讨贼，誓师勤王，登舟之温峤，不得专美。尊周耻秦，披发遁迹，蹈海之鲁连，未必多上，其形诸文字者，安得不沉郁悲壮？[②]

22. 尹　愭（1741—1826）《无名子集》

尹愭，字敬夫，号无名子，朝鲜后期文臣、学者，曾参与编纂《正祖实录》，官至户曹参议。他的《樊岩蔡相公（济恭）挽》借燕赵声形容文章铿锵有力，全诗如下。

① 李东汲：《晚觉斋先生文集》卷三，朝鲜刻本，第37～38页。
② 李东埴：《南涧集选》卷一，朝鲜刻本，第3～5页。

移孝为忠矢一生，身经宠辱不曾惊。
扶来义理日星焕，鼓出文章燕赵声。
间气韩公真大节，东山谢相属升平。
昭融契遇倾千古，轩冕当时未足荣。[①]

23. 黄龙汉（1744—1818）《贞窝先生文集》

黄龙汉，字稚见，号贞窝，朝鲜后期文臣。他的《读崆峒朱仙镇诗，有感次韵》和《用中敏任韵，书呈衢翁，并写阻怀》皆写有燕赵悲歌，两诗分别如下。

日落朱仙古郭阴，崆峒愁杀大河深。
乾坤涅背忠臣庙，燕赵悲歌是处心。
江晚鱼龙浑自怒，风摇杉树不胜吟。
凄凉南北无多问，车辙山河变到今。[②]

——《读崆峒朱仙镇诗，有感次韵》

郭外平衢衢上皋，衢翁于此日逍遨。
深深燕赵悲歌地，默默吴门市卒高。
志士有心怜鬓发，通人无处不蓬蒿。
向来题凤归来后，一味风流阻郁陶。[③]

——《用中敏任韵，书呈衢翁，并写阻怀》

① 尹愭：《无名子集》卷四，朝鲜抄本，第 6 页。
② 黄龙汉：《贞窝先生文集》卷二，朝鲜刻本，第 22 页。
③ 黄龙汉：《贞窝先生文集》卷二，朝鲜刻本，第 28 页。

虽然黄龙汉作诗多借燕赵来表达情感，但他在《答李人路》中还强调虽不可无燕赵之气，但不可一味追求使用，其论述全文如下。

> 别意忡忡，夏色遽尽，承书讽诗，昏霧顿开，幸幸荷荷。人多有书不读，如君无书不得读，固是不齐，为之慨然。然既欲诚心读书，岂终无书？犹恐此志不牢固，更须千万加意，不为穷饿所夺，朋友之望也。荒年事不须言，顷亦尝以勉斋之言奉告，然此在吾辈力量，实近大言如君者，只是恃命之一字，差简约然，奉下弱弩，恐无以相安，为一太息耳。来诗叹赏无已，但太多燕赵悲歌之气何也？愚尝以为此气人不可无，无则龌龊俗耳，但恐一向为其所使，则必陷于悲愁放旷崎岖逼侧之域，而有害于立德之基，不知自审果如何，鄙言不可不念也。此等往复，虽是闲事，亦使人有道情义相省发之益，继此无停，乘间一来企企。①

24. 南景羲（1748—1812）《痴庵集》

南景羲，字仲殷，号痴庵，朝鲜后期文臣。其九岁之时便阅读《十九史略》，并加以评论。后将自己比作邵雍，建止渊溪堂来培养后学。南景羲在诗文中均提及燕赵，比如他在《成均生员柳公墓表》中说柳芝岑“有时论古今人

---

① 黄龙汉：《贞窩先生文集》卷六，朝鲜刻本，第6~7页。

成败得失，激昂慷慨，有燕赵悲歌意。”[①] 在《达城乡饮酒礼序》中以燕赵之俗的养成谈论乡饮酒礼，相关内容摘录如下。

> 乡饮酒，王道之所寓也，王道至大，必渐摩积累而后俗成而民化，岂一日饮酒之力哉？夫民之德，根于性而成于习，所习之善不善而德之吉凶随之，如燕赵之侠士，凉州之武夫，邹鲁之揖让君子，岂必风气使然，抑所习异也。先王知其然也，故使民从事于礼法之场，而乡饮酒礼作，三年一行，著为常法，民之视之若茶饭裘葛然，目习于俎豆衣冠，耳习于歌诗读法，手习于拜揖，足习于进退，而暴慢之气远，孝悌之行笃，其效验至于国安而天下安，先王设礼之意，岂苟也哉？[②]

南景羲对燕赵的认识是深刻的，故在运用之时恰到好处，他的《赠杏亭李（之翰）》对仗工整，意境悠长，全诗如下。

> 忽地何来瘦鹤形，芝兰入室觉生馨。
> 逢场恨晚头俱白，词律惊人眼更青。
> 慷慨声从燕赵市，峥嵘气射斗牛星。
> 乘闲欲写殷勤意，芳草成茵绕杏亭。[③]

① 南景羲：《痴庵集》卷十一，朝鲜刻本，第30页。
② 南景羲：《痴庵集》卷五，朝鲜刻本，第22页。
③ 南景羲：《痴庵集》卷三，朝鲜刻本，第22页。

25. 柳得恭（1748—1807）《泠斋集》

柳得恭，字惠甫、惠风，号泠斋、泠庵、古芸居士，朝鲜后期文臣、学者，实学派代表人物。其一生三次到访清朝，不仅开拓了个人视野，也为我们留下了珍贵的中国行纪。柳得恭在出使途中见赵南星制铁如意，遂作《赵忠毅公铁如意歌》，这是可贵的文物资料，全诗如下。

宋注书家藏铁如意一条，燕市物也，长尺有咫，铭曰："其钩无鑯，廉而不刿，以歌以舞，以不若是折，唯君子之器也，赵南星己亥孟春制。"共三十一字小篆书，五岳真形斜月星斗幽兰飞马之状，错落围布，及阅《清诗别裁》，有韩骐字其武，作《赵忠毅公铁如意歌》，其所容写，疑即此物也，感而赋：

东南宝气沈玉蝇，楚竹碎声愁严陵。
宋子堂中一条铁，梦白名字清如冰。
东土后生风泉梦，清浅蓬壶寒夜凭。
茄花满地禾鬼语，零落东林君子朋。
大同戍卒燕赵士，醉拂如意开阴凝。
呜呼如意不如意，嘻笑怒骂轮囷膺。
寄与江南颜氏子，血溅缇骑妖魂腾。
化为无孔霹雳斧，击碎阉碑龟趺崩。
神焦鬼烂龙汉劫，飞过沧溟逐神縢。

　　鸣呼如意不如意，天启板荡休忆曾。[①]

26. 徐滢修（1749—1824）《明皋全集》

徐滢修，字幼清、汝琳，号明皋，朝鲜后期文臣。其于1799年以进贺兼谢恩副使出使清朝，返回朝鲜后在《送柳惠风之沈阳序》中叮嘱柳惠风即使前往沈阳也要留意与燕赵人士交流，亲听感慨之言，全文如下。

　　柳子惠风从问安书状官南学士鹤闻，将之沈阳，造余请余言，则余何言？余闻使沈阳者，由辽阳，辽阳之去登莱，海路不过千里。故南方文献，多在于此，子试入其肆而观之，有圣人言，有贤人言，有君子言，有文章言，有百家言，以至稗言琐言，必皆东人所未及闻者。子乃一意专志，博涉其宗庙之美、百官之富，古之言，其不为子之言乎？于是之沈阳，访燕赵士，闻感慨言，访闽浙人，闻儒家言，今之言，其不为子之言乎？然后归以所闻之言，言诸余，子之言，其不为余之言乎？余实求子之言，则余何言？昔季札聘于上国，请观三代之乐而品题之。夫乐，言之文也，文，实之宾也，子且实之先务，其不有多于季札者乎？吾知后有尚论者，特书于策曰："朝鲜固箕子之封，而天又笃生异才，以大阐东方之风气者，必惠风也。"于是乎言。[②]

① 柳得恭：《泠斋集》卷一，朝鲜抄本，第37～38页。
② 徐滢修：《明皋全集》卷七，朝鲜刻本，第39页。

27. 郑奎汉（1750—1824）《华山集》

郑奎汉，字孟文，号华山、云水山人，朝鲜后期学者。其本意不愿为官，虽被人劝说参考并在司马试中及第，但仍未出仕。郑奎汉寄情山水，专攻理学，善作文写诗。他在《怀旧吟，寄蔡贞叔（龟永）昆仲（并序）》中借燕赵慷慨惋叹衰老的无奈，其序与诗如下。

余尝读《秘演诗序》，至于叙曼卿之游，秘演六一翁之老而衰，慷慨呜咽，如闻燕市击筑矣。嗟余伉拙牢落，鬓发已种种，尊兄昆仲亦已老矣，令人自不无燕赵慷慨之意。而《秘演诗序》之叹，亦在目前。今兹春气和畅，万物昭苏，感时兴怀，殆同老阿婆临镜忆二十少年时事，不觉一笑，而发于咨嗟咏叹之间者，偶得二律奉呈焉。

月讲青春会，星离白发多。
草平思角戏，花发忆葱歌。
目断山苍霭，愁生水绿波。
何当秉明烛，闲话六旬过。

忆昔同家塾，相携出远郊。
六旬如梦过，千里亦神交。
红杏犹新蕊，玄禽尚旧巢。
愿言花柳节，樽酒对山肴。[①]

① 郑奎汉：《华山集》卷一，朝鲜刻本，第28～29页。

28. 正　祖（1752—1800）《弘斋全书》

正祖，即李祘，朝鲜第二十二任国王，字亨运，号弘斋。李祘在位期间设立奎章阁，营建水原华城，创设壮勇营，实行通共政策，废止除六矣廛以外所有的禁乱廛权。在对清关系上，有北学倾向，积极学习清朝文化。同时，李祘也是一位学者型君主，完成184卷的《弘斋全书》，诗文作品数量居朝鲜半岛历代国王之首。

李祘屡次提及燕赵慷慨悲歌，并以之评价大臣。他撰写的《判府事蔡济恭隐卒教》便是其一，全文如下。

> 忧民一念，乙夜明发，际闻长逝之报，展也之人，何斯至斯。予于此大臣，实有人所不知而己所独知之奥契，此大臣间起人物也，其禀赋也杰然有气力，遇事直前，不慑不挠，发之为诗，悲壮慷慨，人云有燕赵之遗风。妙岁策名，受知宁考，绾金谷而掌丘甲，润色乎云汉之章，竭诚于尝药之地，每一奏对，天笑为新而其须犹未及星矣。及予嗣服以后，市虎交腾，枥骥靡挫，拔之刀俎之中，跻之钟鼎之上，由内阁入耆社，寿至八耋，拟赐鸠杖。其位高而职亲，眷厚而宠盛，使一世之人，关口而夺气，可谓得如彼其专，而古亦罕闻焉。且况五十馀年立朝，所秉之固，即尤所叹服者，今也已已焉已矣。卒判府事蔡济恭家凡百举行，自可按例，而承旨致吊，依洪领府事例，遣阁属官恤孤及护丧等节。依阁臣大臣前例，成服日致祭，承旨自当举行。内阁致祭，则亦依金奉朝贺例，待祭文制下遣阁臣，而禄俸，限三年

输送，葬前议谥。[①]

不仅如此，李祘还作《题左议政蔡济恭樊岩诗文稿》，其诗如下。

杰气驱来笔力勍，七分如对画中卿。
奔腾处有浪涛势，慷慨时多燕赵声。
北极风云昭晚契，沧江鸥鹭属前盟。
湖洲以后模楷在，更喜东山咏洛生。[②]

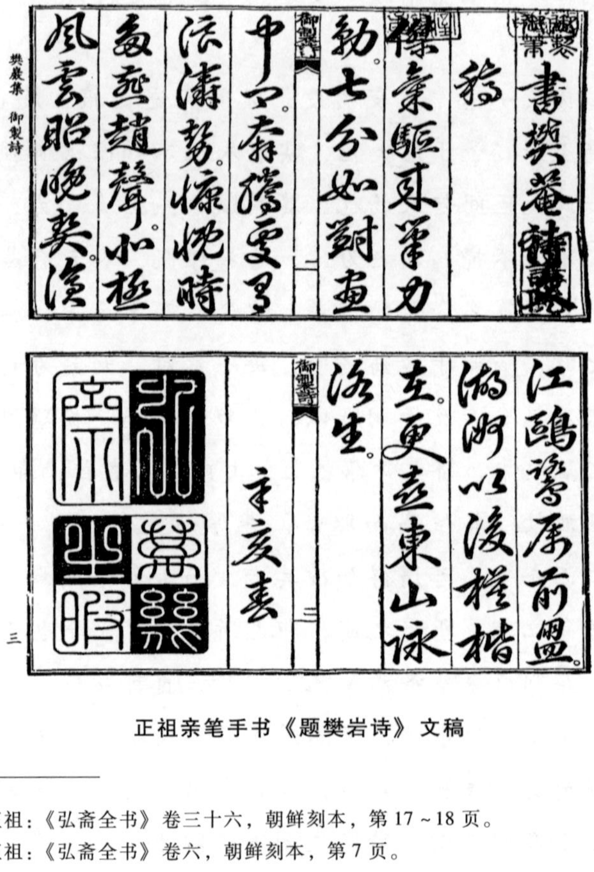

正祖亲笔手书《题樊岩诗》文稿

① 正祖：《弘斋全书》卷三十六，朝鲜刻本，第 17 ~ 18 页。
② 正祖：《弘斋全书》卷六，朝鲜刻本，第 7 页。

29. 李晚秀（1752—1820）《屐园遗稿》

李晚秀，字成仲，号屐园、屐翁，谥号文献，朝鲜后期文臣，1803年以谢恩使出使清朝，后官至礼曹判书。他在《题李仲熙北征录》中写道，读李仲熙的百篇北征诗如亲临燕赵，叱咤现场，相关内容节录如下。

> 吾友李仲熙以北征诗一百篇寄示，时大暑如火，余方中暍喘喘，得仲熙诗，展而读之，声出喉中，浏亮豪壮，便觉有燕赵悲咤之意。及读摩云岭受降城鬼门关饮马长城诸篇，边声朔气，飒然纸面，青簟乌几，忽若无炎，诗能造境，境能移人如是夫。[①]

更有趣的是，李晚秀与友人、童子射猎之后作《射雉联句》，其中"意气燕赵侠"入诗，全诗如下。

> 丙寅元月廿八，猎于南城之北郊。从者阿季旭秀景寅，幕客李好源克念，金永勉勉哉，许佺景会，书客李奎林士石，童子庆男、喜福。鹰三犬二，获兔一雉五，一生，历寻法华庵，暮归缓带亭，得石泉，举烛阄韵联句。

> 春营鼓角动，晴日且游猎。（屐翁）
> 北城齐扬镳，中峰初散㔩。（景寅）

① 李晚秀：《屐园遗稿》卷九，朝鲜抄本，第58页。

路转溪数曲，云横山万叠。（士石）
笋舆歇峰岩，牙旗绕雉堞。（景会）
龙门天外见，斗尾眼前接。（庆男）
渭桥趁雪尽，甫草拔露浥。（克念）
鞭举马蹄轻，铃动鹰意惬。（勉哉）
林间或雌伏，山脊倏豪涉。（喜福）
却壮书生胆，晚从虞人业。（屐翁）
搜深万绿迷，据高片白捷。（景寅）
共探狐兔穴，肯嫌崎岖躐。（士石）
轩昂侧眸疾，离披彩羽烨。（庆男）
合围演春搜，一腐当午馌。（克念）
烂黄新登盘，微红欲上颊。（景会）
冯陵豁中襟，欣适饱双睫。（勉哉）
搏兔毛洒芜，包麇血淋叶。（喜福）
供喜悟程观，买笑惭价挟。（屐翁）
仁人古不卵，上杀宁射酓。（景寅）
裘带间劳逸，宾校试勇慑。（士石）
风流江汉爱，意气燕赵侠。（庆男）
请君鼓馀勇，有客美且鬣。（克念）
俯眺斜晖冉，回愁归路粜。（景会）
莲幕愧绿藤，戟门闲朱牒。（勉哉）
丈人此回翔，童子幸追蹑。（喜福）[1]

① 李晚秀：《屐园遗稿》卷一，朝鲜抄本，第30～31页。

30. 洪仁谟（1755—1812）《足睡堂集》

洪仁谟，字而寿，号足睡居士，朝鲜后期文臣，涉猎经史子集，旁通医学、佛学等，写有汉诗两千余首，编纂《皇明史略》《唐名臣言行录》《左传人名谱》等。他的《奉寄卢药林》其一与《族叔（乐定氏）穷居骊湖，自号摆落户，诵示所作诗，求和甚勤，谨次其韵以呈》运用燕赵意象，两诗分别如下。

我本东海客，君是中州彦。
邂逅相逢地，燕赵千里甸。
山川尽辽蓟，于子穷殊眄。
清风洒玉树，皎与月轮转。
从容方子宅，文酒憺清宴。
温温笑语亲，苹苹肝胆见。
西风吹鸿鹄，羽翮差后先。
奈何碣石水，一逝如激箭。
匆匆临歧别，岁月倏已变。
人生既同时，何不共乡县。
迢迢长路外，不知重会面。①

——《奉寄卢药林》其一

一樽不使一身孤，肯问箪瓢供早晡。
谁除空庭袁子雪，但催穷户董生租。
达人岂有皱眉事，志士应无仰屋吁。

① 洪仁谟：《足睡堂集》卷二，朝鲜刻本，第8页。

醉后论心燕赵市，弹冠佗日见于于。[①]

——《族叔（乐定氏）穷居骊湖，自号摆落户，

诵示所作诗，求和甚勤，谨次其韵以呈》

31. 金羲淳（1757—1821）《山木轩集》

金羲淳，字太初，号山木、景源，谥号文简，朝鲜后期文臣，曾任吏曹判书等。他的《送赵参判（弘镇）赴燕》二首写想象中的燕赵，兹录如下。

闻道多方使，元春贺节同。
明珠倾海左，飞盖出天东。
赤县知何在，黄河望欲穷。
为余劳问讯，燕赵几英雄。

往者湾之守，神州隔水看。
地仍辽野大，天入蓟门寒。
秦堞纡千雉，箕封渺一丸。
壮游谐素计，行矣且加餐。[②]

32. 尹东野（1757—1827）《弦窝集》

尹东野，字圣郊，号弦窝，朝鲜后期学者，屡次落榜，

① 洪仁谟：《足睡堂集》卷二，朝鲜刻本，第9页。
② 金羲淳：《山木轩集》卷一，朝鲜刻本，第15页。

遂游戏于山水，与诗歌为伴。尹东野潜心钻研经典，能用图解《礼记》《春秋》《周易》等。他的文章自由奔放，颇有古文之韵味。他在《答郑进士》中论述如何表现韩愈文章的燕赵慷慨，全文如下。

宿谓吾贤工于举业，而不知其更有所蕴，乃者得其所著古文辞若干篇以读之，殆苏长公所谓二十年相从，知元章不尽者，于是又意其有所未尽，遂欲躬造攸居，更扣所有。旋谓上冢之庞公，无暇待入门之元直，中道改路，归事又迫，只恨拙者之无分于好人，不意辱书长笺，词彩焕烂，情致曲密，又是向来所未尽之一绪也。每一思至，辄据案披诵，而第观遣辞之际，处己推人，抑扬太过，至令人钻地欲入而不可得。未知吾贤偏于所好而不知其恶耶，抑有所仰规者。近日举业场中妙年迈往之气，如吾贤者无几人，而顾乃阨而置之于穷海寂寞之滨，则其发于咏歌者，安得无不平之鸣？而窃见古君子于此独不然，如光范三书，是韩文公之千里一曲处，而至于悲歌慷慨，击节低仰，则彼燕赵士之终不得为齐鲁者是也。其于遇不遇之有命，毕竟无如之何，而徒失自家本来好田地而已，则谢上蔡所谓透得过名利关，方是少休歇处者，其非吾辈顶门上一针子耶？且闻吾贤将欲西游，求名者于朝，争利者于市，则士之治文章广交游者，当先之四方之所凑会。然而若于肚里未断去此个不平之根，则吾恐其律身俟命之意，不胜其好功趋利之心，不知不觉居然自入于曲通傍缘之路矣，未知吾贤以为如何？顾不自量，妄言至此，虽未免谴责之必至，然非吾贤亦岂肯为尔耶。顷到飞津，亲友之知自那中来者辄问吾贤，可知其平日见重于人，殊可钦叹，病枕艰草，略此具谢。[①]

据前述，尹东野为人豪迈，文章豪放，喜好燕赵之风，这在《答李日升》中便可得以确认，相关内容节录如下。

前冬得足下书，满纸纵横，尽是燕赵间慷慨语气。至今奉置案上，有时展读，以代打壶之如意，而向后阙然不嗣音，盖私忧滚泪。七尺非吾有，且与月峰鱼雁苦相左矣，爱之者或有以恕之耶。[②]

33. 南公辙（1760—1840）《颍翁稿》

南公辙，字元平，号思颍、金陵，谥号文献，朝鲜后期文臣，官至正一品领议政。其于1807年以冬至使出使清朝，在燕京多与燕赵人士交流，他在《燕京笔谈序》中记录了当时交游情形，兹录如下。

上之七年，余以正使赴燕京时，济北南良师俱从，时余以奉命，不得恣游览，遣良师出而求天下贤豪士。一日良师往琉璃厂，挟二客至，一雪山褚裕仁，即唐遂良之后，一是平庵吴思权，二人者皆为应举留京者也。

① 尹东野：《弦窝集》卷四，朝鲜刻本，第10~11页。
② 尹东野：《弦窝集》卷四，朝鲜刻本，第1~2页。

相与为笔谈，平庵取扇作松菊画，雪山题七绝一首，诗与画警绝拔俗，有倪云林、沈石田笔意，良师又言玉水曹、江云间、李林松，以文章意气相高，而不欲通名刺于外国贵人，不得偕至。余因良师，送示诗文，求为弁卷之言，皆乐为之序。既别，意尝往来，不能忘也。乙酉春，余与良师浮舟游龙山，适良师挥扇，窃视之，乃其时诗画宛然，方余与二人相见，雪山尚少年，肌肉玉雪，善谈笑，平庵倜傥有奇气，长身美须髯，酒酣论古今人物是非得失，仍以及崇祯时事，皆歔唏太息已，取笔谈尽削之曰："吾欲讳之矣。"又取酒饮剧醉，几乎泣下。盖明之士大夫遗裔，虽低首科宦，不能断弃斯世，然其心含冤忍恸，迫不得已也。汉人固吾党也，今有与满人同视而鄙夷之者，岂仁人恻怛之心欤？况其中有匪风下泉之思，燕赵击筑之奇男子，则其可不爱好之欤。嗟夫！余不得尽见其人也已，时夜月明，良师展笔谈而读之，请余为序。大江以南，如此者凡几人也？与外国相交，忌讳为重，今使价之冠盖，岁相望于途，而我人之以诗札往复者甚多，书籍之流入者，亦或有之，满汉虽不宜同视，而未信而言，君子不取也。余为此言，兼以为世戒焉。[①]

34. 丁若镛（1762—1836）《与犹堂全书》

丁若镛，字归农、美庸，号茶山、紫霞道人、铁马山人，谥号文度，朝鲜后期文臣、学者，朝鲜实学派代表人物，一

① 南公辙：《颖翁稿》卷二，朝鲜刻本，第 30 ~ 32 页。

生致力实现国泰民安的理想。丁若镛著作颇丰，代表性著作有《经世遗表》《牧民心书》《钦钦新书》等。

丁若镛在《梅丈吴（锡忠）墓志铭》中借用“燕赵相逢”表现了悲欢离合，相关内容摘录如下。

昔先朝乙卯春，镛新升下大夫，家居明礼坊，适龙津闵叟至，坐既定，忽梅丈携忠州许滶至，闵叟不知也。镛曰：“异哉，昔在肃庙朝，许公为领相，闵公为左相，吴公为右相，今三公之孙，同坐一席，稀奇事也，盍相见以礼？”于是闵叟左执许手，右执梅丈手，失声大哭，趣买酒为欢，觉四座悲风瑟飒，有燕赵相逢之色。党锢以来，故家遗族之羚掷落魄，有足以感伤和气也如此。[①]

35. 尹行恁（1762—1801）《硕斋稿》

尹行恁，字圣甫，号硕斋，谥号文献，朝鲜后期文臣。其《雅亭遗稿序》中论述李懋官的诗文“如燕赵歌筑互答”，详细内容见下。

癸卯，余入内阁，喜与检书李懋官游，懋官亦余喜也，每归院静暇，藉松荫而听竹韵，饮懋官酒，论文章。懋官瘦骨支衣，竦肩引吭，纚纚语不已。尝自言年少时西入蓟州，倚长城见沧海东流，因驻车辽野，问藩胡战地，南游伽倻山，横啸云际，访崔致远古迹，翩翩若鼓

① 丁若镛：《与犹堂全书》一集卷十五，朝鲜刻本，第 37 页。

埃壒而穷玄冥，其意气凛乎可观。聪晤绝人，目一游辄诵，山经水志，周鼓汉碑，《尔雅》《说文》，草木虫鱼，上下三数千载荒怪诞僻，虽旷闻而稀见者，皆懋官有也。故有叩之，则左右商订，其辩愈长而愈变，发以为诗文，若有相之者，苍然暗然，如燕赵之市，歌筑互答，激之则烈其音，刻厉而警新，雅洁而幽靓，创意杼轴，独造妙界，绝无椎斧痕。今遗稿虽若干篇，尚可以知其为人也。虽然，如懋官者，多畸穷困窘，未尝希合于世也，故世亦不见容，往往被酒喜放，与旅人逐客，睢盱纵恣于薮泽墟里之间，以没其齿而不知反焉。余尝悲之，惟懋官砥行绩文，不以方外自命，绰约若处子，检内阁之书十有八年，被不常之渥，而承匪颁之锡，声光已爀然动人。而遗稿之刊，又出圣旨，则以布衣而受明主之知，更千古莫与为比，欲知懋官之为人，亦何待乎诗若文也。方余在阁中，徘徊轩楹间，见虬枝鳞笋，蔚然如昨日，而懋官则不可以复见也。怅悢者久之，适其胤光葵告余以遗稿成，遂书卷首，以识相予之深。①

36. 柳台佐（1763—1837）《鹤栖先生文集》

柳台佐，字士铉，号鹤栖，朝鲜后期文臣、学者，曾在经筵讲授朱子书与《国朝宝鉴》，后任地方官之时广施善政。他为哀悼郑渤而作《郑正言叔润（渤）哀辞》，其中借燕赵悲歌来表达哀思，全诗如下。

---

① 尹行恁：《硕斋稿》卷十一，朝鲜刻本，第28～29页。

种德趾休庆炽昌，花树埙篪烂一堂。
荀家不特白眉良，孝友通神神降祥。
少年贤季宾于王，纵横大策致用方。
探花曲江耀仙香，桃李漫山总不芳。
霞气直射奎华芒，朱门贵族车相望。
斯人求福未尝禳，怡然野服卧东冈。
灵芝烨烨露为霜，岭路迢迢雁断行。
一梦繁华等海桑，□□□□□□□。
圣祖即今开明光，大字门楣书八荒。
燕赵悲歌来翱翔，可惜九原长夜茫。
只有寒月照屋梁，银烛仙楼谁徜徉。[①]

37. 朴时源（1764—1842）《逸圃集》

朴时源，字稚实，号逸圃，朝鲜后期文臣，为人稳重，爱培养后学，常督导书院恢复学规。他的《挽全进士（球）》以“燕赵歌樽”和“岛郊寒瘦”形容逝者的人格与文采，全诗如下。

玉削仪容锦吐肠，奎垣阔步冠胶庠。
海东骚客播琼藻，江左归人觅梓桑。
燕赵歌樽惟气慨，岛郊寒瘦自文章。
萧萧破屋愚川里，慰有贤郎守宝箱。[②]

---

① 柳台佐：《鹤栖先生文集》卷十二，朝鲜刻本，第 52 页。
② 朴时源：《逸圃集》卷二，朝鲜刻本，第 8 页。

38. 姜必孝（1764—1848）《海隐遗稿续》

姜必孝，字仲顺，号海隐、法隐，朝鲜后期文臣、学者，仿效朱子的敬义斋营建书斋，依照《白鹿洞规》学习儒家经典，撰有《古圣贤考经录》《近思续录》等。他的《沙林居士传》以燕赵侠气展开对居士的描写，相关内容摘录如下。

居士姓朴，名宗锦，字和汝，潘南人，平度公讳訔，即其宪祖也。中世有讳承俊，有文学重望，号乐闲，实为分派始基之祖。历累世，有讳湜、东任、时源，是其曾祖祢也。居士性豪侠好义，多燕赵气，又常言大志大，多古狂士风，少尝从师游学，而不肯入垆鞴受钳锤，年逾知命，始欲折节向里补过，而自恨游骑太远，不知返也。凡做事欠结构，而耻作俗儒龌龊态，疏财不事产业，饥寒到骨。而犹好饮酒作诗，恒有崄崎历落之意，其次东都韵曰："饥鸦守古木，寒月独新罗。水咽归心绝，钟鸣远意多。"①

39. 沈象奎（1766—1838）《斗室存稿》

沈象奎，字可权，号斗室、彝下，谥号文肃，朝鲜后期文臣、学者。沈象奎曾以圣节使出使燕京，后官至正一品右议政。其在出使期间，受到清朝文士款待，遂作《奉天府学，

① 姜必孝：《海隐遗稿续》卷二，朝鲜刻本，第28页。

遇辽阳学正董君履坦，设茶相款，夜又来访寓馆，其人坦易可喜，颇亦善书，书此赠之》以赠。其诗如下。

黉堂一揖便停骖，客寓相寻意转耽。
潦倒堪怜官独冷，笑欢浑似酒旋酣。
书筋飒爽生新法，笔舌淋漓扫俗谭。
未知燕赵悲歌士，可是如今信邵南。[①]

40. 林得明（1767—1822）《松月漫录》

林得明，字子道，号松月轩，朝鲜后期书画家。其绘画主要表达朝鲜闾巷文人思想。林得明与数次出使清朝的赵秀三（1762—1849）交往密切。他的《送朴士执之燕京》三首充满了对燕赵的想象，兹录如下。

千里黄尘去路曼，翳巫渐碧度辽峦。
朔风直透貂裘冷，遥夜难堪露幕寒。
言语随方殊万国，衣冠出类保三韩。
观风大抵男儿事，曾读毛诗细较看。

一剑横腰万里轻，离歌变徵意峥嵘。
中江马踏层冰裂，大野人冲积雪行。
满地胡尘明汉月，惨天鬼气暗秦城。
至今徒见山河壮，礼乐无凭武六成。

① 沈象奎：《斗室存稿》卷一，朝鲜刻本，第29页。

胡笳催发转车轮，行迈无停费苦辛。
泥雪三河深没马，风沙七岭乱迷人。
遗民尽改中原制，属国犹知万历臣。
君去须寻燕赵士，狗屠往往有王春。[①]

41. 郑鸿庆（1768—?）《鲁庵文集》

郑鸿庆，字稚永，号云岗，朝鲜后期文臣，为官清廉，曾借给地方百姓粮食种子，深得百姓爱戴。郑鸿庆书法功底深厚，曾亲笔为金鲁庵题作《鲁庵文集序》，文中以“燕赵之歌”品鉴金鲁庵的诗歌，相关内容选录如下。

夫诗发于情，文发于气，洪忠宣之冷山完节，安得无忠愤之语。蔡文定之春陵讲学，安得无自任之辞乎，吁其遗文湮没，劫灰荡残，奎壁间光气黯然。古家云仍，广搜诸家，或有遗馥之散落者，收辑而录之，挽词十馀篇，次韵若干首，疏启诔文合成一册，是不过什百之一二也。然览其诗激昂凄咽，如闻燕赵之歌筑。而观其文刚毅直截，论列大官则或比胡澹庵斥和之疏，论辨礼说则不失贾公彦注疏之义，大胾一脔，可知全鼎之味，一羽片鳞，亦为希世之宝。何必多乎哉?[②]

① 林得明：《松月漫录》卷四，朝鲜抄本，第41～42页。
② 郑鸿庆：《鲁庵文集》序，朝鲜刻本，第4～5页。

42. 李羲发（1768—1849）《云谷先生文集》

李羲发，字又文，号云谷，谥号僖靖，朝鲜后期文臣，主张广开言路，勤俭为政，加强国防，属于务实派。他写有《挽四从兄逊庵公》五首，其一借燕赵士称颂逝者。

云斋耆德后人师，公在诸孙是白眉。
牙颊香生唐律髓，刮磨光见宋儒姿。
名登玉陛承华衮，盟主骚坛树羽旗。
拭目云云燕赵士，为公多贺遇明时。[①]

43. 姜浚钦（1768—1833）《三溟诗集》

姜浚钦，字百源，号三溟，朝鲜后期文臣，自幼研学儒家经典，被称为神童，撰有《东国先贤传》等著作。姜浚钦于1805年以告讣使书状官出使清朝，得以游览燕赵等地。他在《琶书李尚书（集斗）见寄一律，谨步以呈》中睹物思景，不由得回忆起燕赵之行，其诗如下。

门巷萧然鸟雀秋，昨来身上杏阴楼。
神清侍座风仍善，话久论诗雨故留。
直北关山千里路，大东冠盖几时游。
卷中深得图经妙，使我重看燕赵州。[②]

---

① 李羲发：《云谷先生文集》卷二，朝鲜刻本，第19页。
② 姜浚钦：《三溟诗集》卷一，朝鲜抄本，第2页。

44. 申　纬（1769—1847）《警修堂全稿》

申纬，字汉叟，号警修堂、紫霞，朝鲜后期书画家，尤以绘画见长，被称为“诗书画三绝”。他于1812年以陈奏兼奏请使书状官出使清朝，与翁方纲等交流书画及学问，受到了极大的影响。

申纬作《次韵星伯论诗之什》三首，仅存一首，其中提及燕赵佳人，全诗如下。

诗诵关雎义可知，无然淫乐与伤悲。
递相创制垂千古，务去陈言此一时。
不尽佳人出燕赵，那堪样子揭嫱施。
杜陵质厚原无诀，真性真情是我师。①

45. 朴允默（1771—1849）《存斋集》

朴允默，字士执，号存斋，朝鲜后期文臣，善作诗文，书法追随王羲之和赵孟頫，因广施善政，百姓为其立颂德碑。朴允默的《青翰再寄要和次元韵》《挽渔山丁先生（彝祚）》运用燕赵风和燕赵语，兹录如下。

峥嵘诗上气，燕赵有馀风。
蚕老抽丝白，虹长贯室红。
森森真象出，浩浩慧心空。

① 申纬：《警修堂全稿》卷十二，朝鲜抄本，第14页。

今世操觚者，谁能免彀中。[①]

——《青翰再寄要和次元韵》

在世悲酸死亦哀，传家无复一婴孩。
白杨谁主春秋祭，宿草难禁樵牧来。
杰气常多燕赵语，名诗每被鬼神猜。
薤歌送葬郊西路，此别人间去不回。[②]

——《挽渔山丁先生（彝祚）》

46. 洪奭周（1774—1842）《渊泉集》

洪奭周，字成伯，号渊泉，谥号文简，朝鲜后期文臣，1795 年至 1797 年在殿讲中任首席，常与国王问答。《亲试习俗对策》中记载了洪奭周回答关于习性的问题，其中涉及燕赵之习俗，相关内容节录如下。

臣谨按孔子曰："性相近也，习相远也。盖天命之性，善而已矣，兼乎气质，则有不齐者焉，然犹未甚相远也，及其习然后。习于善而日趋乎善，习于恶而日流乎恶。善恶万殊，不复知其天性之本同矣。譬之于丝，其本则素也。蘖焉而黄，茜焉而红，蓝焉而青，涅焉而缁，随其所染而异焉。习之不可不慎也如是，是以函人唯恐伤人，矢人唯恐不伤人，业之所习也。芝兰之室，不闻其香，鲍鱼之肆，不闻其臭，人之所习也。邹鲁之

① 朴允默：《存斋集》卷三，朝鲜抄本，第 14 页。
② 朴允默：《存斋集》卷一，朝鲜抄本，第 12 页。

士多文学，燕赵之士多烈侠，地之所习也。夏人忠，殷人质，周人文。西汉之人，重厚而近质。东晋之人，浮虚而文胜，时之所重也。习之不同也如是。”[①]

47. 洪敬谟（1774—1851）《冠岩全书》

洪敬谟，字敬修，号冠岩、耘石逸民，谥号文贞，朝鲜后期文臣、学者。其于1830年和1834年出使清朝，在《送从弟锡谟赴燕序》中以自身经验告诫洪锡谟：观中国需要“默契妙解，揽为己用”。相关内容选录如下。

吾闻君子观物，不以物为观，必有所默契妙解，揽为己用。文惠君之闻解牛而悟养生，张颠之见剑舞而悟笔法，其理有不可诬。诗虽一艺，吾于溟岳之游，亦有所悟者。金刚之奇，雪岳之雄，五台之秀拔，暨夫溪涧潭瀑之峡束而砚激者，皆可以助其气格而生其理致。渤澥之荡潏，镜湖之沦漪，与夫日月之出入，烟云之嬗变，皆可以得其神境而添其色泽。盖眼目到则胸次阔，胸次阔则心灵与之俱和，似若与曩时异，敌敷诗人也。出自井天，观乎中国之大，目之所寓足之所跖，无之而不神境也。见辽野之广漠则前日之灵窍悟其狭小，望巫闾之巉峭则前日之词锋悟其软脆，体宫阙城郭之壮而欲其材植之殷富也，感燕赵悲歌之声而欲其藻思之清浏也。于兹数者默契而神解，

① 洪奭周：《渊泉集》卷十二，朝鲜抄本，第56～57页。

发之于篇章，以通其变，则可谓善乎观物矣。[①]

48. 洪直弼（1776—1852）《梅山先生文集》

洪直弼，字伯应，号梅山，谥号文敬，朝鲜后期学者。他的《和李汝弘（载毅）所示感怀韵》涉及燕赵悲歌。全诗如下。

我有龙泉剑，磨来意欲何？
人间无净地，天下是谁家？
举目山河异，回头岁月多。
非徒燕赵士，慷慨发悲歌。[②]

49. 柳荣河（1787—1868）《甫山集》

柳荣河，字善汝，号甫山，朝鲜后期文臣。其为政经历丰富，更换数职，多与当代名士交游。在外敌侵扰之时，柳荣河主张“斥和”，他的《次农岩集》借“燕赵剑无歌”表达对“主和”的担忧。全诗如下。

男儿恸哭不为过，送客殊庭可奈何。
一部春秋书有罪，百年燕赵剑无歌。
行如咫尺关防阔，视若寻常岁月多。
后世谁观东国史，深羞不尽洗天河。[③]

① 洪敬谟：《冠岩全书》卷十二，朝鲜刻本，第30～31页。
② 洪直弼：《梅山先生文集》卷一，朝鲜刻本，第9页。
③ 柳荣河：《甫山集》卷一，朝鲜刻本，第21页。

50. 梁进永（1788—1860）《晚羲集》

梁进永，字景远，号晚羲，朝鲜后期学者，数次参加科举，直至去世前一年才中进士。他在草野研学广泛，精通诸子百家，士人评价其诗歌有风雅之韵。他在《黄汝和旅椋还乡》中借“燕赵无今昔”感叹生不逢时。其诗如下。

永慕堂中酒一尊，相逢即许此心论。
剑歌燕赵无今昔，笔法钟斯拟季昆。
汉北萍流悲客子，江南草绿吊王孙。
风沤世事何须问，归骨明朝是故园。[①]

51. 李汇宁（1788—1861）《古溪文集》

李汇宁，字君睦，号古溪，朝鲜后期文臣，朝鲜大儒李滉第十世孙，专攻理学，继承李滉学说，并撰《十图集说》等理学著作。他在《见斋李公文集序》中两次谈及燕赵，皆与品鉴文学有关，兹录如下。

余尝读《韩昌黎集》，至《董生行》，辄掩卷而叹曰：“呜呼！夫以董生之贤，读书于淮淝之上，悲歌于燕赵之间，又得如韩昌黎者与之友，则其志行之发为文章，必也清浑典雅，孤古淡荡，可以载之简策，而寥寥宇宙，无片言只字。”古人以文章为馀事，无所著述耶，

① 梁进永：《晚羲集》卷五，朝鲜刻本，第4页。

抑有之，余孤陋而未及见耶，重可慨已。今见斋李公，东国之董生也。清洛之水，发源于太白山，南驰几千里，汇于密，萦回于来进故里，即李公隐居行义之所。而董生之家，鸡能哺狗，李公之家，狗能乳鸡，天所以生祥降瑞者。历千古若合符契，矧乎父母兄弟之不戚不咨，其肥于家者同，刺史天子之不荐不闻，其绌于世者同。而惟公则有董生所无之诗若文百馀篇，放吟山海，清雅激烈，即江淮谣一章也。问答杜鹃，悲壮慷慨，即燕赵歌一阕也。至于思亲忆弟之句，忧时悯俗之语，天然出自腔调，可以爽人牙颊，耀人耳目。而公之子锡性，能裒稡遗逸于巾箱之中，欲与公志行并寿乎天地间，此董氏家所未闻也，不其幸欤？然董生则得与昌黎子并世而出，模之以决云之手，障川之笔，至于今名与淮水并驰，未知今世亦有能为李公述其行者乎。①

52. 纯　祖（1790—1834）《纯斋稿》

纯祖，即李玜，朝鲜第二十三任国王。李玜最初的庙号为纯宗，后于1857年改为纯祖。纯祖年间，安东金氏家族操控朝政，国王的权力被大大削弱。在外交上，纯祖继承了正祖的北学观，对清朝极为友好。

纯祖的《少年行》对仗工整，诗中借“燕赵歌舞”表现太平盛世，反映了他的政治理想。

① 李汇宁：《古溪文集》卷三，朝鲜刻本，第32～33页。

章台杨柳系秋千，菖蒲初看五月天。
千重碧树黄莺里，九陌红尘白马前。
兰陵郁金满玉碗，燕赵歌舞匝华筵。
臂鹰斗鸡日未暮，绿水长江又彩船。
云间明月出东岭，归来君家阿那边。
若问长安繁华事，试看遨游诸少年。[①]

53. 李是远（1790—1866）《沙矶集》

李是远，字子直，号沙矶，谥号忠贞，朝鲜后期文臣，酷爱写诗，编纂有《古今诗抄》一百余卷。他的《又访东渚，和其所寄韵，与幼兰同赋》其二用燕赵悲歌比喻现实中的雅集，其诗如下。

矶月渚云步屧边，如吾愚者似君贤。
羲农乐俗犹今世，燕赵悲歌即此筵。
学士遗墟寻短碣，丽宫古迹入新篇。
分山五里藜筇熟，归醉无愁薄暮天。[②]

54. 卞钟运（1790—1866）《啸斋集》

卞钟运，字朋七，号啸斋，朝鲜后期文臣。其《而已矣》一首，立意巧妙，表现生动。诗中以酒为媒介，表现对与燕赵士人交游的向往。兹录于下。

---

① 纯祖：《纯斋稿》卷一，朝鲜刻本，第1页。
② 李是远：《沙矶集》卷二，朝鲜抄本，第62～63页。

我有数卷书，恨不同学邹鲁诸君子。
我有一壶酒，恨不同饮燕赵悲歌士。
一未能遂平生志，白发数茎而已矣。
忽然一阵芭蕉叶上雨，胡为乎满庭树木秋声起。[①]

55. 赵秉铉（1791—1849）《成斋集》

赵秉铉，字景吉，号成斋、羽堂，朝鲜后期文臣。其《赠燕京行台》四首其三旨在阐明壮游与文章的关系，其中谈及燕赵风。

戊寅之岁建亥月，玉堂学士出辽东。
夙抱文章特当世，宋之欧苏汉迁雄。
文章从古得于游，吴越劲气燕赵风。[②]

56. 李源祚（1792—1871）《凝窝先生文集》

李源祚，字周贤，号凝窝，谥号定宪，朝鲜后期文臣。他的《奉赆权景羲（敦仁）以书状赴燕（七绝）》中亦有悲歌、易水等词语，兹录如下。

明时专对属材贤，内翰风流孰比肩。
归来一部山川史，千载重开石室篇。

---

① 卞钟运：《啸斋集》卷一，朝鲜刻本，第 10 页。
② 赵秉铉：《成斋集》卷三，朝鲜抄本，第 37 页。

曾读春秋汉水滨，北坛东庙事还陈。
犹存礼义惊殊俗，为说三韩国有人。

陈王家里绣鸳针，吾道年来转陆沈。
尚有紫阳门下士，崇文馆外好相寻。

旧学商量只在余，莫谩归橐贸奇书。
曾观复古先生集，尽是沧弇掇拾馀。

先天蝌蚪钟王碑，金石图书古色奇。
记我旧游同素癖，彝斋闲夜解分遗。

每夜心行宇一周，山河漠漠使人愁。
长风不借扶摇翼，犹向江湖赋远游。

同声千里亦相求，终古悲歌易水秋。
到日如逢燕赵士，长亭立马少踟蹰。①

57. 南公寿（1793—1875）《瀛隐文集》

南公寿，字稚道，号瀛隐，朝鲜后期学者，自幼好学，因学问功底深厚而闻名乡里，但因未通过国子监试而放弃仕途。他与当时硕学多有交往，其《龙山居士传》描写了龙山居士申光复的人格魅力，文中谈及申光复吟诵文章带有燕赵

① 李源祚：《凝窝先生文集》卷一，朝鲜刻本，第13页。

剑筑之气。相关内容选录如下。

> 晚筑室于龙山之下以自号，竹篱茅屋，读书其中，以训诲生徒为事，年六十二，卒于家。有二子，亦斤斤有乃翁风。於乎！居士可复见耶？实而无华，廉而不刿，接人以恭，约己以俭，能诙谐善谈论，对酒呼诗，襟怀洒如也。素与瀛皤善，或良辰淑景，月色如昼，翩然乘兴而至，把手入室，引大白一碗，辄诵古文词一篇讫。掀眉抵掌，扬扢古今，隐然带燕赵剑筑之气，可悲也已。通于史学，上自书契，下迨叔季，传记编录，无不淹贯成诵，有若拨火然，盖满腹是磊落也。太守任公天常，以馆阁名宦，于人少许可，一见居士，辄延之记室，命其子师焉，礼遇甚挚。居士迹公门者有年，一无是非之累及其身焉。日，其子在骏，袖遗事一通，以求一言以识之。余固讷于辞者，然念宿昔所以许知则深矣，微居士之状，伊谁为，因摭其录叙次之，略赘素感于心，以为龙山居士传。①

58. 李章赞（1794—1860）《芗隐先生文集》

李章赞，字襄叔，号芗隐，朝鲜后期学者，主攻理学，旁通诸子百家，又以孝行著称。他的《玉水山房记》以苏东坡的《李君山房记》起笔，进而描绘洪在铉所居住的玉水山房，文中运用了想象的手法和燕赵意象。相关内容节录如下。

---

① 南公寿：《瀛隐文集》卷六，朝鲜刻本，第9页。

朱门甲第之内，袅袅乎其笙歌之音，红尘大道之上，轰轰乎其车毂之声，青楼则吴越繁华之态也，酒肆则燕赵剑筑之场也。是皆我圣朝四百年升平气像也，于斯而见地势之雄胜焉，于斯而见物色之佳丽焉。始可知在于城中者，岂非如苏子诗所谓“不识庐山真面目，只缘身在此山中”耶？又由此而远观邦畿之外，则关岭之内，湖海之际，雄州巨邑，名山大川，在于渺茫遥敻之中。虽未可一一遍看，而既有馆驿之相通，烽燧之相接，则实有同于吾之所亲见，而亦可知道路行旅之匆匆过去，略略看来者。岂非如东人诗所谓若令他日重回马，身是重来眼是初耶？①

59. 赵斗淳（1796—1870）《心庵遗稿》

赵斗淳，字元七，号心庵，谥号文献，朝鲜后期文臣，曾以冬至副使出使清朝，后官至正一品左议政。他的《次黄树斋寺卿》其二引用燕赵士，全诗如下。

五更钟漏青绫被，海岳奇游梦不阻。
三韩方丈天下闻，名家友道饶缟纻。
知君浩荡桑蓬志，久储雄词气吞吐。
我惭星槎犯牛斗，未有博辩续挥麈。
东归应问燕赵士，屈指吾将以君数。
酒酣击节立如山，慧照犹堪凌千古。

① 李章赞：《芗隐先生文集》卷二，朝鲜刻本，第95页。

判不鱼游忘江湖，剧知鸡鸣怀风雨。
愿言老大各努力，且取樽前傞傞舞。[①]

60. 金进洙（1797—1865）《莲坡诗钞》

金进洙，字稚高，号莲坡、碧庐斋，朝鲜后期文臣，好与自然为伍，诗文亦喜爱写景抒情。金进洙曾出使清朝，《同卓海帆（秉愔）、海云（秉恬）、杨荷西（五敦）、吴曾兰（季云）、樊昆吾（对）分韵得视字》便与他出使有关。纵观全诗，虽是数人协力之作，但他们钦慕燕赵客的旨趣是一致的。

吾生本齐鲁，眼目局四履。
忽作匀天梦，万里随贡使。
孜孜北学心，陈良差可拟。
巍巍夫子宫，四海人仰止。
奇篆馀十鼓，古制征八簋。
何况升平世，洋洋文教揆。
十三经玉刻，嵯峨圜水汜。
佳节近上元，灯散千枝蕊。
彩云驻蹕园，碧柳鸣珂里。
跛奚太羞涩，皇华赋何以。
墨戏二十年，初意慕青李。
手腕已成胝，未能汰秕滓。
既无画沙势，宁论漏壁理。

① 赵斗淳：《心庵遗稿》卷一，朝鲜刻本，第6页。

有似三馆楷，俗态聊尔尔。
周越堪呼奴，羊欣强许婢。
伊来学欧妍，刻划无盐是。
仅可书驴券，那能污茧纸。
底事中国人，舍鸡却求雉。
乃知一天下，试看同文轨。
多馈砚池边，斜封醽醁脂。
飘飘卓海帆，雁行联篮仕。
荷西未弱冠，挥毫似振绮。
吴公多豪放，樊老资粹美。
握手心莫逆，剧谈阅晷。
礼部捧回咨，相送玉河涘。
慷慨结客行，岁暮燕赵市。
美胄宁雌伏，时名方鹊起。
结绶快同登，王畿坦如砥。
衮衣待绣黻，大厦罩文梓。
只应明月色，平分两处视。①

61. 许　传（1797—1886）《性斋集》

许传，字而老，号性斋，朝鲜后期文臣，曾奉王命撰写《士义》，官至吏曹判书。他的《洪判书丈（命周）挽词》以“燕赵夕阳”烘托悲哀之气氛。

① 金进洙：《莲坡诗钞》上卷，朝鲜刻本，第12页。

慕堂是公先，岳麓乃我祖。
结为君子交，道义以相诩。
通好八九世，两家绳其武。
公实我先执，金兰尽无愈。
讲磨辨头脑，谈笑输肺腑。
吾党丁百六，庶几同扶树。
而余承眷诲，自昔十四五。
动静造次间，平日详记睹。
纯粹蕴性郛，温雅达眉宇。
择守精而微，剖分毫与缕。
慷慨辟榛芜，沐浴严钺斧。
尺疏踵万入，义理光千古。
先辈作指南，循蹈不逾矩。
冥途皆擿埴，颓波独砥柱。
我自中鹄的，人岂伏蜮弩。
蚤登圣明朝，翼翼事四主。
蹊径戒颠踬，奥灶耻仰俯。
淡泊以弗忮，岂弟自求佑。
赫赫大司马，有如鸿渐羽。
美哉耆英社，厚德应先数。
十孙半胜冠，五子三纡组。
清俭惟裕昆，谨饬皆干蛊。
七十二年间，忽焉如骤雨。
依依弃杖屦，寂寂闭寝户。
哲人今已远，后生将谁怙。
燕赵夕阳多，颍洛晨星聚。

孰能救敝箪，只自沃焦釜。

所以如林士，执绋共悲苦。

高峰二月时，绿草新出土。

呜呼临其窆，哭公念我父。[①]

62. 申佐模（1799—1877）《澹人集》

申佐模，字左任，号澹人，朝鲜后期文臣，1855 年以进慰进香使书状官出使清朝，在燕京之时与清朝文士笔谈，撰有《题小东方先生金台游学草卷》记录当时情形，文中指出清朝文士如“浏亮慷慨之燕赵之士”。因全文详尽记录燕赵大地上的清朝与朝鲜文人的交往，故录全文如下。

入燕之第五日，海观从外来，袖新刻小册子三本示余曰：“此怀宁方子小东之所为诗若文也。”日无聊，出游书肆中，遇一人焉，英眄异凡，苕华映发，断可知为名士也，遂就与笔谈，定交而还。翌朝，一奚童敲门，投华刺一纸及册子三本。匪直文词璀瓅，令人夺目，一面虚怀。不鄙远人，悃愊诚实又如此，甚可敬。吾于是自喜夫舟中九华鉴识之不错误也。子亦阴求者也，盍观诸。余方锁寓吟病，无所于遣，蹶然而起，展卷而读。其诗沉雄隽逸，雅丽清新，高者直超三唐，骎骎乎陶谢之门庭。下亦方驾苏黄，不翅过之。文则从萧统选体中出来，炼句淘字，谨严精切，铿锵鼓舞，动合音节，非

① 许传：《性斋集》卷一，朝鲜刻本，第 3 页。

近世骈花俪叶者比。洵当今之巨匠，振古之高才也。盖爱玩不释手屡日，顾使事拘束，恨不与此人即刻把臂，纚纚谈文，获聆大方家绪论，一洗胸中之陋也。一日，海观造其室，竟曛而归，又津津说不已，并示小东所与游忠州李芋仙《北园杂感》七律四首，跌宕顿挫，浏亮慷慨，若与燕赵之士，叱咤尔汝于酒肆剑市之间，呜乎伟矣！余乃今益信夫大国人才之盛，未可以井见而窥测之也。又一日，小东约海观，会于馆外之天泰药铺。芋仙偕焉，要余交面。盖海观业已导达余倾向之意于谈间也，余乃欣然而往。二人者方据椅掺觚，共海观谭说亹亹。风仪俊伟，气宇豪爽。果奇男子也，遂举手一揖，相视而笑。欢然若旧相识，顾语音莫解，用文字略申情素，与结纻缟之契。天已晚，约改日再会，匆匆辞别。归卧空馆，夜中辗转，耿不能忘，遂录证交以前作七律二首七截八则，以后作七律一则七截二则，用尘崇鉴。虽下俚之唱，鄙不堪目，而钦佩愿言，聊表卑忱之万一云："皖城豪士客金台，青眼先从卷里开。气义能倾公相贵（小东始至。主笠耕尚书可龛，观察昆弟，若倭陟庭通侯花松岑。今吏部潘星斋，太史绂庭，舍人王鲁园农部，皆折节下之，待以国士。详卷中故云），文章真逼鬼仙才。天寒蓟北榆花落（小东受倭通侯聘，参军蓟镇），草绿江南燕子来（小东以戊申春北上），隔水苍葭人宛在，爱而不见意悠哉。"①

① 申佐模：《澹人集》卷五，朝鲜刻本，第 13 ~ 14 页。

五　十九世纪燕赵纪事辑考

1. 权　埭（1800—1873）《龙耳窝集》

权埭，字景中，号龙耳窝，朝鲜后期文臣，与当时诸多名士交往密切，多有挽词存世。据前述，燕赵慷慨多入挽词，权埭在《祭大中弟文》中便高哭“毕境慷慨，燕赵歌筑”①。他的《挽金（学禹）》亦悲歌燕赵，全诗如下。

芦谷有隐士，年将近七十。
江上鸥自亲，人间鹤独立。
善家繁子姓，华阀最乡邑。
忠孝从先来，和乐且兄及。
经治时蛾迷，工笃夜萤拾。
庶乎待嘘吹，惜哉无引汲。
操毫能简草，吟律或稿葺。
以若季兮五，乃至冠而廿。
析著才及初，治业本不给。

① 权埭:《龙耳窝集》卷六，朝鲜刻本，第15页。

素履安贫贱，红功促绩缉。
艰难则知穑，辛苦皆得粒。
赢馀积斗筲，铺置占原隰。
晓日仍不巾，野雨必着笠。
头风虽作苦，手势渐无涩。
教子其有方，入学以循习。
择友必同砚，从师每负笈。
常劝方工实，要使先世袭。
所到坚石透，迥出俗尘浥。
那知生魔戏，堪怜为病蛰。
然有前程步，岂无功塔级。
嗟未见孙彧，肆无乐眷集。
自此山水隐，何曾城府入。
物外披襟清，众中高冠岌。
得遇心犀通，却脱世羁絷。
而公忘老年，于我许友执。
痛饮刘阮倒，悲歌燕赵揖。
千里吐肝胆，百年共呼吸。
不知老且至，自谓乐将翕。
人家多祸败，吾生有缓急。
贤合才化乘，哀胤又血泣。
复音惊奄忽，中肠热于悒。
青年如梦过，白须但泪湿。
襄事成今夕，清芬远外挹。[①]

① 权㶅：《龙耳窝集》卷二，朝鲜刻本，第1～2页。

2. 柳致镐（1800—1862）《东林集》

柳致镐，字濯庋，号东林，朝鲜后期文臣、学者，尊崇程朱理学，撰《太极或问》来辅助理解《太极图说》，有排斥西学的倾向。他的《八月初吉会庐院再次白鹿洞韵示金泰叟李元叔（相圣）》强调了儒学的正统性，在西势东渐的背景之下，也以燕赵客的慷慨表达了坚守儒学的决心。

士生邹鲁国，从容礼法场。
斤斤二君子，好古能文章。
黉楼成邂逅，亦足吾军张。
芰荷子衣袴，璆琳子佩光。
抵掌天云际，千顷波汪洋。
把杯忽激昂，岁月何堂堂。
肯学燕赵客，悲歌空慨慷。
老我贤益友，江湖莫相忘。[①]

3. 金永爵（1802—1868）《邵亭诗稿》

金永爵，字德叟，号邵亭，朝鲜后期文臣，为官清廉，深受地方百姓爱戴。金永爵通经史，善赋诗，撰有《清庙仪礼》十卷。他的《重阳后二日云皋原泉来访公赋》乃长篇力作，其中谈及燕赵部分摘录如下。

① 柳致镐：《东林集》卷二，朝鲜刻本，第19页。

年衰词益壮，丹光浮两颊。
忽忆社皋子，边山秋薜棐。
名士埋俗白，心神疲簿牒。
多恨青士翁，负约书一折。
倘得同此席，庶见奋鬐鬣。
把樽怅如失，盍簪欣相接。
行将乘河槎，松杏览旧劫。
金台岁云暮，交结燕赵侠。
归来营菟裘，两岸桃花夹。
高歌白石烂，薄采紫芝烨。
邻屋从夜绩，山田饷午馌。
与君咏圣化，尧阶开瑞荚。①

4. 申锡愚（1805—1865）《海藏集》

申锡愚，字圣如，号海藏，谥号文贞，朝鲜后期文臣，于1860年以冬至使出使清朝，在京师目睹了外敌入侵中华，深受震动。他在《翠微先生以上价赴燕次韵诸公饯诗奉贶》中预言赴京之行会目睹不一样的世界，诗中亦提及“燕赵情”。

再膺专对却伤情，非复前时副价行。
马赀地穷攀舄恸，螭头天近下帘声。
衔灵万里金鱼重，图报三朝白发生。
饮饯都门君子老，洛阳传写使人惊。

① 金永爵：《邵亭诗稿》卷二，朝鲜刻本，第13～14页。

海外长歌燕赵情，凭将感慨问公行。
曾闻禹迹移河道，未信秦风进夏声。
中土几回经绣劫，大谈从古出书生。
临题重诵传家义，应遣盱衡俗眼惊。[①]

5. 申弼钦（1806—1866）《泉斋文集》

申弼钦，字伯翰，号泉斋，朝鲜后期学者。他在《挽苍轩赵公（己亥）》中提及"燕赵气"和"洛闽锤"，这是朝鲜理学家们常谈论的气概和心性。

古道今无在，苍翁得见之。
敛来燕赵气，裁入洛闽锤。
道味融生频，书腴澹上眉。
精灵应不散，逝也列星为。[②]

6. 张之琬（1806—1858）《枕雨堂集》

张之琬，字玉山，号枕雨堂，朝鲜后期文人，文采出众，组织斐然诗社，引领了当时朝鲜文坛。他在《秦重磬哀辞》中以燕赵气形容秦重磬的乐府诗，相关内容选录如下。

甲辰秋，余见秦重磬于涢上，冲襟泊如，退然无能，

① 申锡愚：《海藏集》卷三，朝鲜抄本，第25页。
② 申弼钦：《泉斋文集》卷一，朝鲜刻本，第15页。

举止疏野，不类纨袴家。坐顷辄开砚，临钟王帖，莫不逼真，而尤好金生笔意，雄浑古雅，如悬厓坠石，读其诗，又苍然而秀，渊然而光，深得少陵骨髓。乐府诸作，皆燕赵气也，余心异之，尤相亲昵。[①]

7. 玄 镒（1807—1876）《皎亭诗集》

玄镒，字万汝，号皎亭，朝鲜后期文臣。他的《登统军亭晚眺有感》描绘了一幅悲凉画卷，作者借“燕赵侠士”和“慷慨情”表达了暮年的心情。

携酒登临趁晚晴，千秋浮鹤尚留名。
朝宗于海三江水，保障之臣一片城。
旷野西风征马远，乱峰斜日猎烟生。
地非燕赵人非侠，白首无端慷慨情。
积雨高楼□日晴，眼前景物总难名。
天长草色全输座，地圻江流半枕城。
白苎只宜迎好友，青萍自笑说平生。
残年飘泊成何事，尚有封侯万里情。
客游无日舍巾车，胜地名亭天一涯。
旷漠襟怀何待酒，从容谈笑不须歌。
鱼龙出没江声动，鹳鹤徘徊野色多。
得似张梅官亦好，金珠不税税烟波。[②]

---

① 张之琬：《枕雨堂集》卷六，朝鲜刻本，第 22 ~ 23 页。
② 玄镒：《皎亭诗集》卷一，朝鲜刻本，第 5 页。

8. 姜　溍（1807—1858）《对山诗钞》

姜溍，字进汝，号对山，朝鲜后期文臣、书画家。他在《腊月初六夜大雪，朝起纵观青坡树林，偶忆坡集聚星堂禁体诗韵，漫次几叠》中写道：“燕赵美人天下绝。”兹录于下。

万家静如贴树叶，半夜不觉受天雪。
朝来盈尺仆夫欢，牛我没目同愁绝。
竹本劲直头已抢，松虽倔强腰被折。
塞田岂叹蝗种遗，梗路真恐人踪灭。
瓦沟才闻雨淋铃，墙角旋看风卷掣。
纤质凝寒冰柱敲，碎鳞承旭波纹缬。
众木负重噤无声，饥鸦落泊空吞屑。
楼上繁炎复几时，转丸光阴不盈瞥。
揭来郊墅纵奇观，故友相逢欣有说。
欲将绮丽谢天公，诗中谁是铮铮铁。

汉家金貂弭七叶，花前骏马毛白雪。
狐裘锦带宿娼家，燕赵美人天下绝。
意气独留陈遵欢，骄矜不受汲黯折。
平明射猎出城东，发矢鸣鞭狐兔灭。
生来有怨报睚眦，三尺芙蓉腰右掣。
章台过客拾弹丸，绿树莺啼游丝缬。
相如寂寞卧茂陵，四壁天寒风骚屑。
日夕空对远山眉，卖赋黄金如转瞥。
男儿得势但行乐，碌碌京房推易说。

君不见南方有兽名曰貘，皮骨戍削常馁铁。

岁月浑似翻书叶，过眼支离风雨雪。
谁能玩味读最多，彭祖也应韦编绝。
翁年五十亦黟然，牙发苍浪肩背折。
往事迷茫春梦消，旧交零落晨星灭。
悠悠郎职解误人，暮景栈豆翻缠掣。
孱僮短驴趁朝参，天衢晓踏霜华缬。
妻孥尤我作宰迟，屋中交讪真琐屑。
饱死饥死亦何殊，侏儒方朔俱一瞥。
先生善辩骋悬河，妇人衰如牛耳说。
平生点铁却成金，此铁虽点犹是铁。

新年忽如坠来叶，旧年寂如融去雪。
势利穷贱久相忘，虽不著论交已绝。
郊居景物逼除时，啸鸢东飞西复折。
石窦霜砧暝犹闻，土屋炊烟青不灭。
吾家豚犬逐群童，走向阳坡风筝掣。
邻酤呼取过墙头，醉眸兀兀昏花缬。
馒头百颗代椒盘，老妻筛下荞麦屑。
薄宦鲇鱼上竿迟，壮志骥马驰隙瞥。
优哉卒岁乐林邱，分定何待谈命说。
未闻骑牛蓑笠翁，图像麟阁分券铁。[1]

① 姜溍：《对山诗钞》卷四，朝鲜刻本，第28～29页。

9. 高圣谦（1810—1886）《角里文集》

高圣谦，字稚希，号角里，朝鲜后期学者，虽中司马试，但未走向仕途，而是潜心钻研四书五经。在高圣谦晚年，朝鲜内忧外患，使得他归隐山林，与友人和书籍度过余生。他在《次赠张石泉轴中韵》中说道："因阅其轴，南中名硕，在在相望。既辄以短长律语，责和甚勤。顾轴中名姓，皆吾文垣旧雅，余欲无言。其于轴中人何，用其韵叠和以送，其中不无燕赵口气。"[①] 由此可见"燕赵口气"在当时的流行程度。

高圣谦的诗歌中亦常用燕赵意象，《远游篇》其四便是一例。

古称燕赵间，往往悲歌士。
过吊要离冢，行寻剧孟里。
逢着剑筑曹，说与金台市。
以若好个人，何乃故为是。
落日下幽州，逖矣西方美。
惘惘临道穷，依依无谁与。
不尽心中话，别路秋云起。[②]

10. 权琏夏（1813—1896）《颐斋集》

权琏夏，字可器，号颐斋，朝鲜后期文臣、学者。他的《挽族兄景曾（启鲁）》谈及"燕赵声气"，兹录于下。

① 高圣谦：《角里文集》卷三，朝鲜刻本，第 21 页。

② 高圣谦：《角里文集》卷二，朝鲜刻本，第 1 页。

落落人间世，浮游六十年。
荷苍家塾里，泉石醉吟边。
声气思燕赵，风调共俗禅。
松楹高睡榻，何事赴新阡。①

11. 苏辉冕（1814—1889）《仁山集》

苏辉冕，字纯汝，号仁山，谥号文良，朝鲜后期文臣、学者。苏辉冕曾在殿讲时论及“气质”，《气质策问》详细记述了相关内容。文中以理气论辨析“燕赵之气”，为从哲学角度探究燕赵文化提供了思路。兹录如下。

问：“先儒有曰变化气质，气质即局于有生之初者也，其可变之欤？”孔子曰：“上知与下愚不移。”韩昌黎曰：“性有三品，以此言之，所谓变化气质者，惟中人以上，而馀人不及欤。”荀子曰：“性恶。”杨子曰：“善恶混，以此言之，性已不好了，气质何足责乎？”其言虽已见正于昔贤，其见果何如而至此欤。孟子又只曰：“性善。”以此言之，气质虽不善，性则自善，所谓气质，果何与于率性欤，气质果可变也。以圣门高弟而子路之好勇，冉求之不及，果何以也。如洛闽大贤而犹叹暮归观猎焉，或恨太阳症遽发，然则气质终无可变也欤？又如燕赵侠气之气，东汉气节之气，义或义也，正则正也，毕竟过中，如此者，为当革而尽欤，且犹未尽欤。气亦不一，有元气、真气之

① 权琏夏：《颐斋集》卷一，朝鲜刻本，第39页。

名，有血气、客气之称，又有志气、意气、心气、夜气、气之本、气之末者，其命名之义，可一一言之也。且于此之诸气，何者是当变，何者反是善养，可消详言之欤。大抵气者，理之所乘也，配义与道也，此可谓无暴其气者也。何以则善变，若变之，从何而入，为要法也。我朝五百年培养士气久矣，子诸生必有审于理气之辨，已得力于气质之化矣，愿闻其说。①

12. 李承辅（1814—1881）《石山遗稿》

李承辅，字稚刚，号石山，谥号文宪，朝鲜后期文臣。其《夜坐》一诗借燕赵慷慨表达对倭寇侵略的痛恨。兹录于下。

为消愁寂每招交，旅馆何嫌乏酒肴。
秋暮寒砧来蔀屋，年登赛鼓动前郊。
气多慷慨歌燕赵，心欲清高慕许巢。
南渡孤臣无限愤，东洋敢说入苞茅。②

13. 李晚焘（1815—1874）《慎庵集》

李晚焘，字谨休，号慎庵、岩后，朝鲜后期学者。他的《复和三五七言韵奉别宗彦兄》对仗工整，意蕴悠长，也丰富了燕赵意象入诗的形式。兹录于下。

---

① 苏辉冕：《仁山集》卷十三，朝鲜刻本，第5~6页。
② 李承辅：《石山遗稿》卷三，朝鲜抄本，第1~2页。

孤云远，匹马鸣。

短发烟霞色，长歌燕赵声。

送君落日登台望，台上年年芳草生。[①]

14. 宋近洙（1818—1903）《立斋集》

宋近洙，字近述，号立斋，谥号文献，朝鲜后期文臣，官至正一品左议政。他在《醉歌亭记》中谈到权石洲的《将军醉时歌》属于“燕赵悲歌之流”，兹录全文如下。

光州之石底坊，有金将军忠壮公之里，我正宗大王以忠孝二字表其闾，又别定奉祀人主之，地于是乎益显矣。今上庚寅，诸云仍就其旧址旁建一小亭，扁以醉歌。盖石洲权公尝梦得《将军醉时歌》一篇，其词曰：“醉时歌此曲无人闻，我不要醉花月，我不要树功勋，树功勋是浮云，醉花月也是浮云，醉时歌此曲，无人知我心，只愿长剑报明君。”其幽明间蟠郁蕴结之辞，当为燕赵悲歌之流。而权公足之曰：“将军昔日把金戈，壮志中摧奈命何，地下英灵无限恨，分明一曲醉时歌，异世相感，自不禁志士之泪，此地此亭之此名，不亦宜乎。”呜呼！将军既抱武穆之冤，其忠魂毅魄，当结而为山河之壮，奋而为风霆之威，见今雕题涅齿恣行国中。若使将军之灵而知者，其必有跳马岛捣江户之气义矣。其果然乎否乎？登斯亭而诵其诗，亦安知无激感而吐气者也。然则

① 李晚焘：《慎庵集》卷一，朝鲜刻本，第17页。

醉歌之名，夫岂偶然也哉。呜呼！瑞石在其前而将军之所钟毓也，钓台在其后而将军之所往来也。千载之下，有可以想象，而余顾瘫疾俟符，不能一造亭上，酌大斗歌以侑之，以吊将军之灵，只自慨恨于中，遂书此为醉歌亭记。公之孙皆在亭下，而今来谒余文者，晚植、熙文也。[①]

15. 金平默（1819—1891）《重庵集》

金平默，字稚章，号重庵，谥号文懿，朝鲜后期学者，著述颇丰，代表性著作有《近思录附注》《学统考》等。他在《郑梅山（锡一）来宿信斋（柳景茂斋号）画朝宗山水感而有作》其一中提及燕赵气，全诗如下。

鲁连蹈海老青邱，回首宁陵涕泗流。
留得云孙燕赵气，悲歌叱咤蓟门秋。[②]

16. 李象秀（1820—1882）《峿堂集》

李象秀，字汝人，号峿堂，谥号文简，朝鲜后期学者，代表性作品有《应旨三政疏》等。他的《岁暮杂诗》二十二首，其六写燕赵豪气。诗作如下。

---

① 宋近洙：《立斋集》卷十二，朝鲜刻本，第 50 ~ 51 页。
② 金平默：《重庵集》卷二，朝鲜刻本，第 22 页。

椎剽燕赵豪，平生目无字。
挥手掷黄金，焉能量度义。
路逢不平人，血性怒如鸷。
发口谈夷齐，心规驵侩利。[①]

17. 姜　玮（1820—1884）《古欢堂收草》

姜玮，字仲武，号秋琴、古欢堂，朝鲜后期学者。他的《太子河次韵》借燕赵悲歌咏写摇摇欲坠的朝鲜王朝。

易水长城岂易过，恍亲燕赵共悲歌。
几人能办千秋事？六国亡时太子多。[②]

18. 赵性家（1824—1904）《月皋先生文集》

赵性家，字直教，号月皋，朝鲜后期学者。其《返月斋》四首其二运用燕赵意象，如下。

靠峡书楼又枕江，洲烟林霭滴虚窗。
梧桐亭畔秋声动，桑柘村中古俗厖。
粗气谩吞燕赵市，孱诗堪愧桧曹邦。
羊肠世路知何处，肮脏年来志未降。[③]

① 李象秀：《峿堂集》卷一，朝鲜刻本，第 14 ~ 15 页。
② 姜玮：《古欢堂收草》卷十二，朝鲜刻本，第 3 页。
③ 赵性家：《月皋先生文集》卷二，朝鲜刻本，第 10 页。

19. 徐赞奎（1825—1905）《临斋先生文集》

徐赞奎，字景襄，号临斋，朝鲜后期学者。其《上徐辅国（喜淳）》一文提及燕赵，兹录如下。

> 使事告竣，恩命已复，伏庸欣祝，南土邈矣，恨不克深灯陪话，仰聆天下消息也。今之士大夫之为此役者，孰无含忍迫不得已底意思。而一涉辽蓟，自不禁山河之感，金台洒吊古之泪，黄河量回清之期。燕赵古称多慷慨悲歌之士，宋明遗黎之或郁郁不得志，隐于屠市，或守死善道，晦于草泽者，必有其人矣。其人存则求其人，其人没则求其书，人与书俱得以见之否。赞奎，在万里之外，求见其人而不可得，则所愿见者，唯有书耳。有好文字，寄诸归橐者，可蒙一二下惠。①

20. 金允植（1835—1922）《云养集》

金允植，字洵卿，号云养，朝鲜后期文臣、学者，曾以领选使带领工匠和学徒前往中国学习技术，与李鸿章会晤七次。他在《与鲇贝槐园（房之进）书》中以燕赵之风评价挚友，相关内容选录如下。

> 鲇贝槐园仁兄足下，仆与内地人交游多矣，其人大抵皆重名誉尚气义，慷慨善谈论，勇于进取，轻生忘死，

① 徐赞奎：《临斋先生文集》卷三，朝鲜刻本，第 11 ~ 12 页。

有古燕赵之风焉。惟足下沉静寡言笑，意致深远，忠厚与人，不形于色。仆心诚爱好，久而敬之，仆亦不自知为何故也。夫气类性情之感，不以方域限之，况仆与足下，俱是东亚人，地非燕越，政同鲁卫，山川之融结，气脉相通，舟车之往来，风俗相混。吾辈生于其间，而苟存彼我之见，岂非河伯所以见笑于大方乎？仆知足下胸中自有此等见识，非硁硁者之所可窥测也。[①]

21. 李种杞（1837—1902）《晚求先生文集》

李种杞，字器汝，号晚求，朝鲜后期学者，十余岁便学完唐宋八大家诗文及部分经史，后钻研理学，著有《四七气发理乘之辨》等文章。他在《次李表叔文举（炳秀）晬宴韵（并序）》诗序中言及李文举常有“燕赵不平之想”，兹录其诗并序如下。

夫天数成于六，地数终于十，六十者数之穷也。天地之道，终而复始，六十之宴，其以是乎。锦湖翁自悬弧而有奇气，朋友之誉望攸属，乃者旅游京洛，饱吃四十年残杯冷炙，既又举幡一呼，而身投于十年瘴海，比返而皤发欲黄矣。其间得干之为戊者六，支之为子者五，以五乘六，正值悬弧之六十期，而锦湖翁晬宴设矣。酒半乐作，翁愀然有燕赵不平之想，悼志业之无成，怅流光之莫淹。有座客执酌而解之曰：“终者始之初，失者得

① 金允植：《云养集》卷十二，朝鲜刻本，第13～14页。

之本，子何以慽焉？”翁曰：“吾失固也，得恶在。”客曰：“子之庭有斑衣而过者，是子之初也。”翁笑曰：“第为我诗焉。”

浮生无计驻阳春，华发居然寿域民。
奇气洛中歌鹿日，高名海曲窜鸿辰。
归来棣萼欣依旧，过去桑弧感更新。
看取雁门踦偿足，庭前玉树映花茵。[①]

22. 柳麟锡（1842—1915）《毅庵集》

柳麟锡，字汝圣，号高兴，朝鲜后期学者、义兵长，主张斥洋，多次组织义兵进行救国抗争。其在《申在喜传》中提及申在喜有燕赵侠士之风。燕赵之风在当时已经成为朝鲜抗击倭寇的象征。《申在喜传》相关内容选录如下。

申在喜，平山人，业武出身，为狼川县监。其远祖曰太师高丽忠臣壮节公崇谦，中世以后，流落嘉平，微而不振，为人倜傥不羁，轻财好义，性嗜酒，有不如意，辄饮尽一斗，醉则狂歌或痛哭，有燕赵侠士之风。国家乙未之变，闻君父遭剃，祸及臣民，母后被弑，废为庶人，断绝外交，关门号泣，朝夕水酱不入口。家人劝之食，即打破盘盂曰生何为哉，或谓君微贱人也，国有大臣焉，有宗戚焉，恬不知为耻，何忿独为？曰：“古今天

① 李种杞：《晚求先生文集》卷一，朝鲜刻本，第23～24页。

下，岂有如此之国如此之变乎？吾国礼义之国，吾身衣发之身，列圣相承培养之地，变至此境，何以为生？”①

23. 郭钟锡（1846—1919）《俛宇先生文集》

郭钟锡，字远鸣，号俛宇，朝鲜后期学者，潜心钻研程朱理学，并寻求救亡之路，曾多次组织救亡运动。他的《奉和南黎丈人伽南赠别》二首借用燕赵歌声表现了世道艰辛。

> 寥寥千圣绪，咄咄万歧情。
> 风雪残灯夜，瑶弦咽远声。
> 世乱难为别，年衰不胜情。
> 方知燕赵士，歌泣善秋声。②

24. 奇宇万（1846—1916）《松沙文集》

奇宇万，字会一，号松沙，朝鲜后期儒士、义兵长。他的《李君致先（教宇）以十韵贶行乃感兴馀意依韵以和》与《青皋以负上元约作诗寄意依韵谢之》借燕赵悲歌表达抗争的决心，两首分别如下。

> 知己相逢皆燕赵，击剑长歌歌且雄。
> 衰甚遂断四方志，志事揣摩负桑蓬。

---

① 柳麟锡：《毅庵集》卷五十，朝鲜刻本，第36~37页。

② 郭钟锡：《俛宇先生文集》卷六，朝鲜刻本，第20页。

大官谋国轻房杜，小吏作县屈黄龚。
认贼为子君知否，伤心时事大脱空。
独有缝掖扶一脉，永夜书灯读匪风。
岭湖落落不见君，伊昔相求声气同。
始信名下无虚士，奇事新安萍水逢。
幸有神游朝暮遇，莫将此别说忡忡。
吾师不远在方寸，何数穷山老倥侗。
勉及芳年努力做，师心判不负帝衷。[①]

——《李君致先（教宇）以十韵赆行乃感兴馀意依韵以和》

缅怀畴昔十年游，君已丈夫我白头。
气节剩看松柏操，衰颓恐负桑榆收。
抚剑悲歌燕赵市，采芝高蹶方壶洲。
上元月夕虽违约，三五扬明有仲秋。[②]

——《青皋以负上元约作诗寄意依韵谢之》

① 奇宇万：《松沙文集》卷一，朝鲜刻本，第37页。
② 奇宇万：《松沙文集》卷一，朝鲜刻本，第24页。

结　论

考察《韩国文集丛刊》，可以得知在朝鲜半岛文献中存在大量的燕赵纪事和述评等，这些内容从9世纪中期一直延续到19世纪中期，整整跨越10个世纪。这些文献的作者身份多样，从朝鲜的君王到各级官吏和学者，他们以不同角度和方式记述了燕赵。燕赵以精神象征和文化符号传入朝鲜半岛，对政界、学界、文学界产生了巨大的影响。

纵观朝鲜半岛的燕赵印象，可以发现历时性的规律和特征。在15世纪前，燕赵作为历史概念开始出现在朝鲜半岛文士的文章中，他们以“燕赵多虞”谈论中国历史，并以史为鉴来分析当下局势。在15世纪初期，燕赵作为文化符号以慷慨悲歌的意象出现在朝鲜半岛文士的诗歌中。最早将燕赵入诗的是金守温（1409—1481）和申叔舟（1417—1475），值得关注的是，他们是在与明朝使臣唱和的背景下歌咏燕赵的。可见，古代中国与朝鲜半岛的政治文化交流推动了燕赵从历史概念向文化符号的转变，也促使燕赵成为域外文学创作的要素。

在15世纪歌咏燕赵的诗文中，燕赵大多以“侠义”的形象出现，金宗直（1431—1492）说道："燕赵之人，慕义好善。"[①] 这与当时朝鲜半岛内外安定的环境有关。明朝建立初期，朱元璋实施睦邻友好政策，以朝贡册封体系维持周边的稳定和平环境，这也契合了刚建立政权不久的朝鲜。在这种背景下，朝鲜半岛政局稳定，文化得以发展。

到15世纪中期，朝鲜文士开始关注燕赵女性。汉代佚名的《燕赵多佳人》早已传入朝鲜半岛，加上唐代诗人于渍的《苦辛吟》和明代士人成耿的《拟古》等作品的影响，"燕赵佳丽""燕赵姝""燕赵姬"等词语开始频繁出现在朝鲜士人的诗文中。

今日良宴会，嘉宾满高堂。
绮肴溢雕俎，美酒盈金觞。
左右燕赵姬，眉目婉清扬。
朱弦映皓腕，列坐弹宫商。
流年双转毂，倏忽鬓已霜。
相逢且为乐，何用苦慨慷。
金张竟何许，累累归北邙。

——成耿《拟古》

今日良宴会，嘉宾满高堂。
绮肴映雕俎，绿酒盈金觞。
左右燕赵妓，眉目婉清扬。
徐徐攘皓腕，操瑟理宫商。

① 金宗直：《占毕斋文集》卷一，朝鲜刻本，第42页。

流年双转毂，倏忽两鬓霜。
相逢且为乐，何用苦慨慷。
金章满朝贵，毕竟归北邙。

——成伣《拟古》

很明显，成伣（1439—1504）的《拟古》是对成耽诗作的改写。从改写的程度来看，只有个别词语的变换，可见成伣对成耽诗作的热爱和认同。当然，朝鲜文人也不乏借燕赵佳丽描写歌舞升平的欢快场景。权斗经（1654—1725）写道：“名都多贵游，绮阁百馀尺。招邀燕赵姝，弦歌欢日夕。”[①]

16 世纪末期，随着倭寇入侵朝鲜半岛，明朝和朝鲜都大受挫折。这直接影响了朝鲜文士的创作动向，燕赵一词主要以“悲凉”的意蕴出现在诗文之中。徐起（1523—1591）写道：“燕赵悲歌士，东韩大胆臣。扬清思反古，激浊志兴新。凤去岐山久，麟伤鲁野频。行藏关用含，抱道贵随辰。”[②] 当时朝鲜文士或举义抗倭，或归隐山林，他们的作品借燕赵悲歌表达慷慨悲愤，同时反思当时朝政不兴的情况。

在 17 世纪，随着后金的兴起，当时的局势十分不稳定，朝鲜也陷入“明朝 - 后金 - 朝鲜”这一三角局势中。朝鲜士人的心理是矛盾的，一边是明朝，一边是异军突起的后金，朝鲜在“大明义理”和“武力威胁”之间出现了争议。在这种背景下，朝鲜文士的诗歌多借燕赵书写“大义”和“正气”，崔岦（1539—1612）在《送郑梦与公赴京师序》中写

① 权斗经：《苍雪先生文集》卷二，朝鲜刻本，第 5 页。
② 徐起：《孤青稿》，朝鲜刻本，第 2 页。

道："燕赵之士，悲歌感慨。其风声气习，即屠沽之间，往往而在。日月争明之大义，天地无穷之正气。"①

到 18 世纪，因清朝日益强盛，朝鲜文士逐渐转变了对待清朝的态度。在朝鲜政界和学界，实学派开始发展壮大，他们主张"北学"，想通过经世致用来发展朝鲜。因此，他们开始求真务实，更加关注燕赵的风俗和技术等。曾两次出使中国的洪良浩（1724—1802）与纪晓岚、戴衢亨等有过密切的交流，回国后推动了朝鲜考据学的发展。他在考察燕赵地区的女俗之时写下："燕赵佳人自古闻，幽并儿女早成婚。花簪髻耸时窥客，丝履手缝不出村。敢拟梁妻高举案，犹惭夔妇健持门。镜中不省春容改，脂粉纵横坐抱孙。"②

自 19 世纪以来，随着西势东渐，朝鲜士人目睹了满目疮痍的中国，他们的诗文充满了哀愁。燕赵一词多出现在送别诗、祭文、挽词中。申锡愚（1805—1865）于 1860 年以冬至使出使清朝，在北京目睹了外敌入侵中华的情形，于是写下："海外长歌燕赵情，凭将感慨问公行。曾闻禹迹移河道，未信秦风进夏声。"③ 但是，燕赵慷慨之气的治愈性也开始发挥作用，朝鲜文士借燕赵悲歌表达对侵略的抗争决心。朝鲜后期的义兵长奇宇万（1846—1916）写道："知己相逢皆燕赵，击剑长歌歌且雄。衰甚遂断四方志，志事揣摩负桑蓬。"④

综上所述，燕赵一词首先以历史概念传入朝鲜半岛，揭开了朝鲜半岛文士认识燕赵的序幕。到 15 世纪，随着对燕赵

① 崔岦：《简易集》卷三，朝鲜刻本，第 49 页。
② 洪良浩：《耳溪集》卷七，朝鲜刻本，第 34 页。
③ 申锡愚：《海藏集》卷三，朝鲜抄本，第 25 页。
④ 奇宇万：《松沙文集》卷一，朝鲜刻本，第 37 页。

的理解深入，加之中国文学对朝鲜半岛的影响，燕赵开始作为文化符号在朝鲜半岛传播，特别是成为文学要素进入诗文之中。与此同时，受中国文论的影响，朝鲜文士开始运用“燕赵”评人论诗。金楺（1653—1719）在《丙丁琐录》中说道“明人论古人诗曰：‘魏武曹操 如幽燕老将。”[①] 郑鸿庆（1768—？）在品评金鲁庵的诗歌时说道：“览其诗激昂凄咽，如闻燕赵之歌筑。”[②]

自16世纪末期以来，随着世界局势的变化，朝鲜文士的诗文风格也发生了转变。这些转变体现在对燕赵这一文化符号的运用上，他们开始借燕赵表达悲愤、哀伤、抗争。

朝鲜半岛的燕赵纪事、述评等文献体量庞大、内容丰富，从中可以反映出中国文化的域外传播路径，证明中国与朝鲜半岛的悠久深厚友谊，具有重要意义。

第一，燕赵纪事等文献是中国文化域外传播路径的见证。据前述可知，以时间为轴线，朝鲜文士眼中的燕赵是“历史空间”“心理空间”“实用空间”。史书与儒家经典传入朝鲜半岛后，燕赵的风云变幻吸引了朝鲜半岛的文士，随着中国文学作品和文论的大量涌入，加之与中国文士的直接交流，燕赵作为“侠”和“义”的代名词被朝鲜文士接受和应用。特别是在明朝建立之后，随着朝鲜文士不断地出使中国，他们对燕赵有了深入考察，燕赵的风俗、文物、技术成为他们经世致用的典范。在10个世纪里，“燕赵”在朝鲜半岛的文献中持续出现，并被赋予不同含义，这充分说明了中国文化的魅力和持久性。

① 金楺：《俭斋集》卷三十，朝鲜刻本，第12页。

② 郑鸿庆：《鲁庵文集》序，朝鲜刻本，第5页。

第二，燕赵纪事等文献是燕赵文化域外传播的见证和补充。朝鲜半岛的文献记录着燕赵的人物、风俗、声韵、农具等。朝鲜学者李匡师（1705—1777）和申景濬（1712—1781）分别在《平仄韵互举要叙》和《五音正序》中论及“燕赵重浊”等音韵问题。朴趾源（1737—1805）在途经燕赵之时，通过观察燕赵地区使用的耧车、瓠种、耧锄等农具，将其构造、性能、使用方法等进行了详细记录。朴趾源的《农器》等文章可谓记录燕赵文化的珍贵资料。

第三，燕赵纪事等文献反映了中国与朝鲜半岛的友好交流。经过考察，燕赵纪事的作者大多与古代中国直接相关，他们或以使臣身份出使中国，或以接伴使接待明清使臣。他们大多亲历燕赵大地的自然风光与人文景观，与中国文士笔谈唱和。在这个过程中，朝鲜文士自然而然地接受了中国优秀文化，这些燕赵纪事等文献蕴含着他们对中国的情结和睦邻愿景。

第四，燕赵纪事是构建东亚思想史的一部分。通过梳理燕赵纪事，可以归纳朝鲜半岛文士对中国的认识变迁。以明清时期为例，在明朝初期，朝鲜士人秉持尊周崇明的思想，积极与明朝进行文化交流，至16世纪末，达到顶峰。明清易代以后，朝鲜士人对时局的认识发生了一些转变，但是，当他们看到清朝的稳定与强盛后，向中国学习的热情再度被点燃。总之，东亚各国之间的认同与背离是动态的，研究东亚思想史需要新资料和新方法，燕赵纪事等文献中蕴含着中国与朝鲜半岛的关系史，是构建东亚思想史的珍贵资料。

图书在版编目(CIP)数据

燕赵印象：基于《韩国文集丛刊》的考察 / 梁钊著. --北京：社会科学文献出版社，2022.4
ISBN 978-7-5228-0024-0

Ⅰ.①燕… Ⅱ.①梁… Ⅲ.①文化史-研究-河北 Ⅳ.①K292.2

中国版本图书馆 CIP 数据核字（2022）第 062472 号

燕赵印象
——基于《韩国文集丛刊》的考察

著　　者 / 梁　钊

出 版 人 / 王利民
责任编辑 / 杜文婕
责任印制 / 王京美

出　　版 / 社会科学文献出版社 · 人文分社（010）59367215
地址：北京市北三环中路甲 29 号院华龙大厦　邮编：100029
网址：www.ssap.com.cn
发　　行 / 社会科学文献出版社（010）59367028
印　　装 / 三河市龙林印务有限公司

规　　格 / 开　本：787mm×1092mm　1/16
印　张：13.25　字　数：141 千字
版　　次 / 2022 年 4 月第 1 版　2022 年 4 月第 1 次印刷
书　　号 / ISBN 978-7-5228-0024-0
定　　价 / 98.00 元

读者服务电话：4008918866